国家珍宝系列丛书
National treasure series series

DECONSTRUCTING
THE CHINESE VIEWING STONES

说石

俞 莹 著

上海人民美術出版社

觅石

113	大湾石
113	北丹石
112	来宾石
111	摩尔石
111	彩陶石
110	大化石
110	九龙璧
109	黄蜡石
108	陈炉石
108	崂山绿石
107	淄博文石
106	宣石
106	昆石
105	英石
104	灵璧石
104	太湖石
104	赏石品种
102	石之资源

鉴石

目录

96	切底与打磨
86	皮壳与包浆
78	质地和硬度
60	化石
53	色质石
42	图纹石
30	造型石
11	石之溯源
4	序

弄石 赏石

268 | 后记

266 | 封面故事

254 | 供赏
242 | 组合
224 | 配座
212 | 命题

190 | 古石与传承
176 | 神韵与意境
168 | 图纹与画面
154 | 象形与状物
136 | 立峰与景观
124 | 砚山与抽象

121 | 硅化木
120 | 孔雀石
119 | 松花石
119 | 潦河石
118 | 草花石
118 | 黄河石
117 | 长江石
117 | 雨花石
116 | 大理石
115 | 新疆风凌石
115 | 内蒙古戈壁石
114 | 乌江石
114 | 盘江石

序

我很困惑：但凡出书请人写序，都会请业界专家权威。俞莹兄因何要我这外行给他的新著《说石》作序呢？

由于困惑，故而迟迟难以下笔。思来想去，终有一天想明白了：书不是写给比作者更懂的人看的，归根结底是传道解惑，也就是主要写给不懂的人看的。那我就代表那些不懂的读者来写吧。于是，心大宽。

说到石头，我想起在童年时学到的一个防身秘诀（从未实践过）：在乡间遭遇野犬威胁，俯下身假装去捡地上的石头，可将其吓跑。

不要小看这一招，它可以上溯至人类文明的起源。从大自然中捡取合适的石块，作为攻防、狩猎或劳作的工具，是人类文明的第一步。天然合适的石块有限，人类又琢磨出自己打制石器，由此便开启了石器时代。

然而，这只是石与人类文明的一半关系——实用关系。它后来还衍生出另一半关系，那就是非实用关系，即精神关系。这就是《说石》涉及的范畴。

作为精神层面的石头，最早可见是饰物，如珠子、配饰之类，那些在石器时代就有了。其中大多是加工过的，也有少数是选取天然造型即可佩戴者。它们究竟出于何种目的而诞生，众说纷纭。但从视觉功能上，可以探讨的方面有威吓功能、吸引功能、崇敬功能、人群归类功能等。所以，我们也可以说，石是人类最早的视觉艺术媒介。

但这些恐怕不是俞莹兄这本书重点关注的话题。作为饰物范畴之石，在全球范围的人类族群中都有存在，而俞莹兄关注的是发端于中国的一种石文化——赏石。

我对赏石文化没有认真地进行过系统研究，仅是浮光掠影，不求甚解。我感兴趣的是从艺术角度来理解中国赏石文化，从中获得一些启发。

譬如北宋以苏轼、米芾为代表的文人画，其艺术精神，可与当代艺术的叛逆精神相呼应。苏米的文人画，与他们另外的两项爱好——赏石和菖蒲，其内在的艺术精神是一致的。

世人作画是为了取悦于人，而文人作画则非也。它是世界上最早的艺术自由创作意识。它不为帝王所画，也不为谋生所画，只为抒发自己的情感和思想而画。当画院里的待诏们纷纷为讨好君王而精工细作时，苏轼和米芾却逸笔草草。苏轼的枯木怪石，在我眼里，是数百年后凡·高扭曲云树的先声。

把世人眼里没有价值的东西，做出价值来，倡导出一种新的，并且经得起历史考验的审美观，这就是苏米之伟大。

又以菖蒲来说，它是一种野草。从帝王家到富贵家，姚黄魏紫之类奇花异卉才是值得夸耀的，但苏轼等文人却把菖蒲这种野草玩出了超越权贵审美的雅意，成为文人空间艺术之经典。

赏石也如此。文人之赏石，虽也是一种摆设，却有别于石崇、王恺的珊瑚枝之类的财富夸耀。它伸张的是截然相反的价值观。现在每个爱石者都会说的古典赏石审美标准"瘦、皱、漏、透"到底是什么意思？它绝非仅仅是一种赏石形态的描述，而是一种惊世骇俗的艺术观念。

对于当时的主流价值观来说，这四个字没有一个是值得赞美的。现在世人审美爱瘦厌肥，但古代肥却是美好的象征，"瘦"是贫穷的象征。近在数十年前流传的一首情歌，还把"保你白白又胖胖"作为"嫁娶"的重要许诺。

再如"皱"，通常是年老色衰的象征。在西方人写的世界艺术史上，要到19世纪后期，罗丹雕塑《老娼妇》诞生后，这种"在自然中一般人所谓的丑，在艺术中能变成非常美"的艺术观念，才刚刚得到认可。而苏轼早在一千年前就直截了当用一个"丑"字来概括他的赏石审美观了。

宋代的文人是通过石头，倡导一种大大超越时代局限的思想。此石，即风骨。这也是中国古代的"装置艺术"，它有一个专用词汇——"清供"。

近年来，我国的爱石者在石种、石品的发掘上，堪称盛况空前。以今天的技术力量和物质条件，爱石者可以全国、全球兜底翻来找奇妙石品石种。这是古人所难以想象的。《说石》中详尽记述了古今石种石品，尤其对近数十年之石界觅集，进行记录、梳理和分析，蔚为大观。

赏石艺术，大概是现今众多非物质文化遗产中，唯一盛况胜过古人的项目。这几十年爱石者们的作为是一壮举，无可置疑的壮举。但同时我们也到了该质疑自己的时候，不能局限在形而下的层面。宋代同样爱玩石的徽宗，举天下之力，兴花石纲，建艮岳，但这为后世留下什么文化精神了吗？

　　《说石》有相当篇幅记录了现今赏石界的理论探讨、艺术探讨、思想探讨，这难能可贵。如果当今的爱石者能像苏米那样，以石为媒介，倡导出新的思想和艺术样式以启迪世人，那么世界艺术史乃至世界文明史或许会重新评价这部被低估的中国赏石文化史。

　　《说石》，我视之为当今赏石文化领域承前启后的著述。它可以作为工具书，辅助新人和研究者；也可以作为学术探讨，引导我们一起思考和探索。爱石，不仅必须懂石，还要懂得与之相关的人文历史。我们不妨从《说石》读起。

艺术评论家
林明杰
2022年7月

鉴石

◎ 石之溯源

◎ 造型石

◎ 图纹石

◎ 色质石

◎ 化石及其他

◎ 质地和硬度

◎ 皮壳与包浆

◎ 切底与打磨

鉴

石

国画大师张大千 1978 年与台静农（左）、庄严（中）一起赏玩雅石 （庄灵摄）

石之溯源

2014年12月3日，国务院公布了第四批国家级非物质文化遗产代表性项目名录（共计153项），赏石艺术作为传统美术类别正式成为国家级非物质文化遗产代表性项目之一。这也标志着在民间传承了上千年的观赏石的收藏与鉴赏，已成为国家和民族历史文化成就的重要代表。

赏石艺术是以天然形成的观赏石为审美对象，通过对其自然的造型、纹理、色彩、质地等元素所构成呈象的发现和构思，并赋予其审美意韵和人文内涵。从公共空间、园林庭院到厅堂案几乃至掌上把玩，营造合适的置放和藏玩形式以及创作表现方式。以命题作为点睛概括，辅以诗文书画阐释其审美意境和体验感悟，使之从自在之物成为人文意象之品。有所谓"天赐神韵、人赋妙意"。

赏石的起源与自然崇拜有关。石头与人类最初的结缘是因为辟邪和风水文化，"泰山石敢当"的习俗便是一例。泰山石敢当习俗是远古人类对灵石崇拜的遗风，属于镇物（辟邪物）文化范畴。万物有灵论是原始宗教思想发展的最初阶段，某些岩石所具有的奇形异彩，或所处的特殊地理环境，都可能被古人赋予灵性。如四川羌族地区的茂县、汶川、理县、北川等，至今还流行有白石崇拜。

四川茂县古羌城　羌族人在祭拜石塔上的白石神　（施刘章摄）

片石假山　苏州博物馆

此外，石头在人类进化历史上也是立了头功和奇功的，所以，古人潜意识之中，对于石头一直抱有敬畏之心，灵石崇拜便是一例。供石之说，多少是这种对于石头敬畏之情的集体无意识的一种表征。也就是说，最初（乃至在很长一段时间内）观赏石并不仅仅是作为一种玩好物，更是一种供赏物，比起玩石则更显得庄重一点。这可能也是传统赏石更多地以带有山岳的形象或是意象（全貌或是局部）而不是以象形物出现的深层次原因。因为单纯的象形石，只是趣味性更多一些，会冲淡敬供的意味。

供石之置，最初应该也是带有灵石崇拜的遗风。也就是说，石头并不是用来玩赏的，而是作为供奉的，且带有一定的象征意味。明清两代山东地区供石流行的鲁作底座，有的只有三面工，背部不加雕饰，应该是暗示靠墙而立，不宜轻易移动，这多少带有这类供奉用以辟邪的意味。

此外，在各地部分史前墓葬之中，都有一些砾石随葬，随葬的石块很可能被视为灵石，其目的是镇妖驱邪。当然，其中也不排斥具有观赏价值的石头，但其赏玩的意义可能并不大。

赏玩奇石的真正起源，应该是进入有文字记载时代的事了。如前些年四川成都金沙遗址（约商代晚期和西周早期）出土了百余件卵石（考古发掘报告称之为"美石"），有的色泽亮丽，有的质地玉化，也有的图纹美观，有的还有造型，一小部分保留了自然形态，不少在自然卵石的一面或两面进行打磨，还有的利用自然卵石切割成形。这些应该都是产于当地岷江等流域的水冲卵石，从其大部分的加工处理来看，可能将其视为一种玉材更贴切一些，少部分则可能已经作为观赏石了，所谓美石为玉。类似以色质为主要观赏点的石头，有可能是最早被人们赏玩的奇石。《尚书·禹贡》称青州贡"铅、松、怪石"，所谓"怪石"，孔传称之为"怪异好石似玉者"。四川成都金沙遗址出土的百余件"美石"，就可以视作为"怪石"。

广西骆越文化石器　祁子豪藏

　　史前时期，先民们在制作石器时发现和开采时得到的一些质色俱佳的石材，至今有的还是较为重要的观赏石品种和资源。如广西骆越文化（距今约6000年）的石器，主要分布在广西右江、左江、邕江以及其交界的三角地带，包括水中、河床和沿岸，在20世纪80年代左江、右江的采沙过程中被大量发掘出来。这些石器大都少见雕琢，器形特别，质地玉化，色泽亮丽（有的有人工染色），经过千万年水沁冲刷滚磨，表皮大部分形成釉面，局部透光，

成都金沙遗址出土的美石

有的完全玉化通透。这些石器都是就近取材，包括大化石、右江石、邕江石等水冲石，与当今主打石种同宗同源，所以前些年得到了赏石圈的青睐，收藏者甚众，至今在一些重要石展中可以经常看到它们的身影。

"高斋隽友——胡可敏捐赠文房供石展"　上海博物馆

如2018年11月第十届柳州国际奇石节暨赏石文化节举行期间，在柳州"石尚1966"举办了"首届百万名石小品邀请展"，其中有"骆越之光"单元，集中展示了骆越文化的出水石器；2020年10月第十一届柳州国际奇石节举行期间，柳州奇石馆举办了"中国南方史前文明广西骆越文化石器专题展"。古代石器与现代赏石的"同框邂逅"，也是一种追溯和遥祭。

值得一提的是，古代赏石多以怪石、奇石著称，怪石发端最早，奇石使用最广。怪石之称，至少在春秋战国时期就已有之；奇石之称，直到魏晋南北朝时才出现。两者时间跨越很大。古代的奇石之称，似乎多指造型石类，这也是古代赏石的主流。造型石的收藏欣赏发端于南北朝，如山东青州博物馆收藏的北齐线刻画像石中的《贸易商谈图》，其中就有盆中供石的形象，这与奇石之称的出现是同步的。

古代赏石以奇为美，不求形似，可能就是认为石头也是大自然的一种神秘力量的存在，如南宋文人孔传在为杜绾《云林石谱》作序中写道："天地至精之气，结而为石。负土而

故宫御花园有元明清三代御苑赏石

出，状为奇怪，或岩窦透迤，峯岭层棱。"又道："物象宛然，得于仿佛，虽一拳之多，而能蕴千岩之秀。大可列于园馆，小或置于几案，如观嵩少，而面龟蒙，坐生清思。"其中所谓的"物象宛然，得于仿佛"，关注的并非是一般意义的象形物，而是"蕴千岩之秀"的景观石，无论"嵩少"（指河南嵩山及少室山），还是"龟蒙"（指山东之

龟山及蒙山），都是可以望、可以居、可以游的景观山。其实，这种观念在唐代诗人、赏石家白居易的《太湖石记》中已有详细的描述："撮要而言，则三山五岳、百洞千壑，覼缕簇缩，尽在其中。百仞一拳，千里一瞬，坐而得之。"可见，山岳的意象是古代文人心目中赏石的终结形象。

　　赏石艺术的主要载体是观赏石，古代称之为怪石、奇石。对于自然奇石的欣赏和收藏，可追溯至春秋战国时期。秦汉时期的赏石随着园林的出现开始发端，到了魏晋南北朝时期，园林赏石逐渐兴盛，发展至唐代则进入全盛阶段，出现了品赏标准，是以诗人白居易《太湖石记》为标志。宋代，是赏石艺术开始逐渐登堂入室，成为文房清玩的组成部分，并发展成相对独立的艺术门类，出现了赏石专著和鉴赏标准，其中米芾拜石故事还被正史（《宋史·文苑传》）所记载，堪称经典。明清时期，皇家园林和私家园林大量兴建，园林置石和厅堂供石被广泛运用，赏石艺术与文学艺术结合得愈加紧密。近代，赏石艺术开始向现代转型，审美理念和鉴评标准由"瘦、皱、漏、透"为主的形赏向"形、质、色、纹"的自然要素全方位转变，赏石对象也从以天然岩石为主向矿物晶体、化石等其他类别扩展。2005年中国观赏石协会成立，以及《观赏石鉴评标准》（DZ/T 0224–2007，国土资源部2007年9月

清　太湖石　美国大都会博物馆藏
（吴雨洁摄）

米芾"石丈"　巢湖石
安徽无为市米芾纪念馆

石非石·中国生活艺术展　北京国家大剧院

14日颁布）和《观赏石鉴评》（GB/T31390-2015，中华人民共和国国家质量监督检验检疫总局、中国国家标准化管理委员会2015年5月15日发布）的发布，使赏石审美标准扩展至"意韵、命题、配座、传承"等人文要素。

　　奇石从被发现到被表现，进而登堂入室成为一种风雅的艺术形式，其集中体现了古人珍惜自然、师法自然，以及天人合一的思想观念。赏石艺术与我国传统的文学、书画、盆景、园林、建筑、文玩、工艺美术等艺术交相辉映，在世界艺术领域做出了一份独特的贡献，具有历久弥新的现实意义。

　　奇石乃自然之物，大多不具备功用价值，发掘出其审美意义和收藏价值，并形成一套评判模式，这不能不说是一种化腐朽为神奇的创造性审美活动。所谓"天地无弃物，而况山骨良"（乾隆《青芝岫（有序）》）。这是古代文人关注自然、珍惜自然、崇尚自然、师法自然的生动写照。不但如此，宋代开始确立的瘦、皱、透、漏的鉴石标准，也奠定了对于抽象类观赏石的主流玩赏和传承，这是古人赏石艺术创作（包括发现与加工）的一次超越，极具人文精神和普世价值的重要意义。时至今日，古典赏石的那种大朴不雕、似与不似的自然意象和象征意味，仍然吸引着无数艺术品拥趸者乃至艺术家的目光。

需要指出的是，观赏石与其他艺术品的最大区别，还在于它是自然造化，其形质色纹常在意料之外，不在情理之中，远远超过了人类的想象。如果将它视作艺术品，一种有意味的形式，便会发现很多观赏石精品与艺术并不相像。比如，不少观赏石精品没有恰当而切题的主题的命名，即使有也终觉勉强，也就是说其主题带有很大的不确定性。艺术作品可以不太讲究载体的材质，但观赏石精品却十分强调质地；艺术作品残缺也是美

浙江长兴中国太湖石博览园内景

（断臂的维纳斯雕像可算一例），观赏石精品却讲究品相完整，没有崩裂缺损；艺术作品可以纤毫毕现，观赏石却往往细节难寻。尤其需要指出的是，观赏石与艺术作品虽然都属于艺术审美范畴。但是，观赏石还有另一个重要的特性，那就是猎奇，这也是魏晋以来观赏石一直被称作奇石的原因。奇和美这两者有时候是相通的，但有时候却并不统一，奇有时候就是特别、怪异甚至是丑陋的代名词。观赏石之所以被称作为奇石，正是因为它的美常常是不可思议的。在艺术作品中，则偶尔会有类似现象。其实，观赏石是否当为艺术品并不重要，关键在于它是否能打动人、能感染人。可以这样说：观赏石精品不似艺术，却胜似艺术。

清　郎世宁　《平安春信图》（局部）

在林林总总的观赏石大家庭之中，雨花石具有举重若轻的地位。20世纪50年代在南京北阴阳营遗址（在今鼓楼一带。这个考古发现被誉为"南京历史黎明时期的最佳见证"）出土的76枚五六千年前的雨花石（有的作为玉琀摆放于人口中），被列为"南京城的国家宝藏"（今藏南京博物院），也揭开了观赏石收藏史最早的一页。不过，这些雨花石的图腾崇拜意味，可能要远高于观赏收藏的意味。

据我所考，乾隆在宫中也赏玩过雨花石。那就是在清代宫廷画师郎世宁的设色

纸本《平安春信图》中描绘乾隆在宫中品竹赏梅的情景，画面右下方的石桌上摆设有：一根（竹木）如意，一件青铜彝器，一册古籍，还有一盆石供，而盆碗里面分明供置着的就是五色斑斓的雨花石。据中国观赏石协会副会长钟长海相告，1992年6月在中国革命博物馆举办的"中国观赏石展览"上，主办单位曾经动员故宫博物院提供若干方清宫藏古代赏石参展，包括灵璧石、英石，其中就有4枚雨花石。

尤其是改革开放以来，雨花石成了观赏石收藏复兴的中坚，南京也成为了赏石文化活动的重镇。早在1984年8月，南京就成立了全国第一个赏石社团组织——南京雨花石协会。1989年10月，建成了全国第一个"国字号"赏石博物馆——南京雨花石博物馆。2007年11月，雨花石鉴赏习俗列入南京市首批非物质文化遗产名录（2016年1月升级为江苏省非物质文化遗产名录）。

至今，雨花石早已成为南京这座"石头城"亮丽的城市名片，也是非常特殊的一种文化现象。由雨花石延伸出来的文化品牌和衍生品，也是难以计数。如现任南京雨花石协会会长戴康乐，原先是六合烟草公司负责人。他是地道六合人，也是雨花石的爱好者，六合（灵岩山）又是雨花石的主要产地。1994年，他创意开发了"雨花石"香烟品牌，一炮打响，被评为江苏省著名商标以及首届中国烟标设计大奖，烟标上的雨花石，也是他和石友收藏的。据戴会长介绍，目前雨花石香烟还在生产，在全国细烟中知名度很高，经济效益名列前茅，这也是借了雨花石的光。

应该说，雨花石可能是当今观赏石中出版过专著画册最多者，还包括有《雨花石》专业杂志问世。仅本人收到南京石友赠送的雨花石编著书刊画册，作者就有池澄、征争、王建平、周德麟、戴康乐、戴宗宝、刘水、骆嘉刚、王增陵、柏贵宝、殷凯生、石泉等人。包括当代地方志，也留下了《雨花石志》的专著（南京市六合区地方志办公室编，中华书局2008年10月版），这也是观赏石中仅有的荣誉，可见其文化积淀之深。

《雨花石志》书影

以岩石类为代表的东方赏石（主要指中国赏石），与以矿物晶体、化石为代表的西方赏石，具有明显的差异。西方有一句谚语："石头是上帝随手捏的，矿物晶体是上帝用尺子精心设计出来的。"其实，矿物晶体是由生长在岩石的裂隙或空洞中的矿物单晶体所组成的簇状集合体，主要欣赏点就是其颜色的组合、晶体的完整和品种的名贵，所有矿物的晶体结构都有特定的几何形状，结构严谨，排列整齐，显示着自然界中数学之美和秩序之美。许多矿晶的色相、明度和纯度，是其他自然物质难以企及的，科研和观赏价值并存。它的收藏和鉴赏源自16世纪早期的欧洲皇室、贵族，目前有数千万拥趸者，是西方赏石的主体。相比之下，岩石类观赏石则体现出一种反秩序和不确定性，古典赏石"以丑为美"就是一例，所谓丑，其实就是一种反形式美。相对来说，西方赏石更注重科学和逻辑思维，知其所以然，理性收藏；东方赏石则偏重于艺术和形象思维，讲究人石交融，感性收藏。

在欧美地区，矿物晶体的鉴赏和收藏至少有四五百年的历史，且拥有数以千万计的爱好者和收藏者。矿物晶体的收藏，不但是近代西方社会的"文化母乳"，而且还是科学文明的重要载体。1806年，矿物学家约翰·乔格·楞（Johann Georg Lenz）在鉴定针铁矿时，将它命名为"歌德石"（Goethite），以纪念德国著名思想家、作家、科学家歌德（Goethe。1749年—1832年）。众所周知，歌德著有《少年维特之烦恼》《浮士德》等文学名著，但却很少有人知道，他还是一位科学家，在解剖学和植物学方面都有一定的成就，并热衷于采集并研究矿物，他认为矿物对于社会有益。

1822年，德国矿物学家腓特烈·摩斯（Frederich Mohs）首先提出在矿物学或宝石学中使用的硬度标准——摩氏硬度，后来在社会各方面的运用极为广泛。它是用刻痕法将金刚钻针刻划被测试矿物的表面，并测量划痕的深度，该划痕的深度就是摩氏硬度，共分十级：滑石1，石膏2，方解石3，萤石4，磷灰石5，正长石6，石英7，黄玉8，刚玉9，金刚石10。一般来说，印石摩氏硬度在2上下，砚石摩氏硬度在3左右，玉石的摩氏硬度在6左右。我们所玩的奇石，摩氏硬度一般在4左右，介于砚石和玉石之间。

改革开放以后，随着西方收藏爱好者和交易商来华寻找矿物晶体而引发的国内矿晶开采收藏之风，矿物晶体也开始进入收藏爱好者，特别是年轻一代的视野。2020年11月，一个荟萃古今中外矿物晶体及其相关艺术品的展览，"晶·华——矿物之至善至美"特展在南京博物院举行。该特展筹划了近一年时间，中国观赏石协会（矿物晶体专委会）提供了三百余件来自世界各地的矿

"晶·华——矿物之至善至美"特展　南京博物院

物晶体精品，南京博物院则提供了馆藏近百件与矿物相关的珍贵绘画作品与工艺品。这也是矿物晶体收藏精品首次进入国家级的艺术博物馆展示。在展览现场，我还看到了以纪念德国著名思想家、作家、科学家歌德命名的"歌德石"，还有以美国近代著名金融大亨约翰·皮尔庞特·摩根（J.P.Morgan）命名的"摩根石"，这是一种含铍和铝的硅酸盐矿物，学名粉红绿柱石。J.P.摩根既是西方一位重要的艺术品收藏家，也是一位重量级的矿物宝石收藏家。

歌德石

早期的西方赏石也有岩石类观赏石的收藏。如"法国枫丹白露宫固结砂岩"（又称"高高奇石"，Gogotte），产自法国巴黎盆地附近，是由微小的石英晶体组成的奇石，形成于三千万年前的渐新世，形态奇特，线条柔和，以抽象造型取胜，可以媲美现代雕塑佳作。据说法国国王路易十四（1638年—1715年）曾经用此装饰其皇宫花园，这可能也是西方世界收藏岩石类观赏石的开端。此类砂岩形成机理有点类似新疆雅丹石，但基本不见皮壳，色泽乳白，表面是朦胧的一层极为细微的砂粒，由外而内包裹，稍微用力搓擦，便有砂粒脱落，不能形成皮壳。这类砂岩的造型，有其独特的地方，以块面和线条取胜，似与不似，如梦如幻。

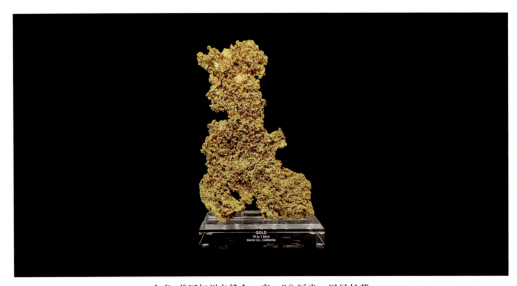

女皇 美国加州自然金 高：28厘米 周易杉藏

法国枫丹白露宫固结砂岩 高：125 厘米 香港苏富比拍品

关于中西方赏石之差异，以木化石为例，因为它在中西方的境遇是完全不同的。西方的木化石都是在自然博物馆中收藏展示，是科学赏石的经典；而我们自古至今，无论民间还是宫廷，一直是将木化石视作岩石类欣赏及收藏的。

举个例子，香港苏富比2014年春季拍卖会"隽物凝思——水松石山房藏珍玩专场"上拍的两方木化石，都被视为一般的赏石，而不是化石。"水松石山房"是英国收藏家Hugh Moss（中文名莫士扨）的藏室名，其得之于他收藏的一幅近代书画家吴昌硕的题匾斋名书法，可见他对于中国艺术品的痴迷程度。其实，吴昌硕题匾实为"小松石山房"，当初主人将"小"字误读为"水"字，以讹传讹，流传至今。

水松石山房　主人藏室一角

他是西方最重要的中国艺术品收藏家之一，从事中国艺术品收藏已逾40年，藏品涉猎古董、字画，尤其是文玩，还包括赏石。近20年他潜心投入水墨创作，尤以古典赏石多见，设色大胆，风格独特。这些年，在海外的一些重要拍卖会上，时常可以见到出自"水松石山房"收藏的中国古董文玩，包括赏石，显然"水松石山房"成了一种品牌。

英石　嶙峰赏石　莫士扨旧藏

记得2010年3月12日，香港苏富比春拍会上海预展会在锦沧文华大酒店举行，"隽物凝思——水松石山房藏珍玩专场"专场中有一方赏石标为"明清·英石·嶙峰赏石"，造型如同山子，肌理皱褶深密，据我观察，实为内蒙古风砺木化石，它的包浆属于风砺过的自然包浆，底座也不老。当时，内蒙古风砺木化石的开发历史，一般认为短短不过二三十年。但此方古石是藏家1978年4月在香港购藏的，曾经在1986年香港大学冯平山博物馆展示过，并收录于《文玩萃珍》一书。据此推断，内蒙古风砺木化石的开发史就要更早一些了。

同样在此专场上，还有一方"清十八世纪·白石'悬崖'赏石"的木化石被误读为其他石种。石上刻有"百一山房珍藏"印（百一山房，是清代乾隆年间云南巡抚、两广总督、《四库全书》总纂官之一的孙士毅的藏室名）。这方赏石，同样在1986年香港大学冯平山博物馆展示过，收录于《文玩萃珍》一书。虽然没有在上海预展会现场展示，但从图录中可以明显看出来，这是一方山石类木化石。

由此可见，海外包括像莫士扽和著名拍卖行都将中国古代木化石误读为一般的岩石类赏石，而不是化石，足以说明木化石在中西方认知上的差异。

观赏石从广义来说，可以划分为岩石类、矿物晶体类、生物化石类、陨石类及其他，这五种

白石 悬崖赏石 莫士扽旧藏

类型。传统赏石以及现代赏石，主要指岩石类观赏石，也包括部分矿物晶体和化石。岩石类观赏石通常由沉积岩、岩浆岩和变质岩形成，根据石体显现的艺术特点和表现形式，又可以分为造型石、图纹石和色质石。

比如矿物晶体中的孔雀石，是一个早已开发的古老石种，通常被视为造型石来欣赏，虽然它的名称可能迟至清代才开始出现。近代赵汝珍的《古玩指南》一书，被誉为古玩宝典。其中专门列了"名石"一章，在描述当时玩石概况时写道："现在好之者既鲜，而天地之精英亦遁世不显。""至若古人极为重视，而今日已不可见之名石，为数甚多。"据书中所载，在当时"北京可得见之名石"只有五种：大理石、太湖石、英石、雨花石、孔雀石。灵璧石居然都没有提到。其中，孔雀石也是一个另类。

孔雀石是含铜的碳酸盐矿物，世界各国皆产，我国主产于广东阳春、湖北大冶。孔雀石大都是与铜矿伴生的，也是炼铜的原料，多产于铜矿床的氧化带中。如安徽铜陵是古代铜都，铜的采冶始于商周，盛于唐宋，一直未曾中断，当地铜矿中也产孔雀石。孔雀石的名称至少是明代以后才出现的。最早称之为石绿，又称铜青、铜绿，晶体呈柱状或针状，多为钟乳状、肾状、放射状、丝状等产出，颜色有翠绿、草绿及暗绿等色。古代主要用来碾磨成颜料，是青绿绘画的颜料之一。它还是一种药材，明代李时珍《本草纲目·金石部》中称其为绿青，主治急惊昏迷、风痰迷闷、小儿疳疮等症。孔雀石质地佳者，还被用来做雕刻和镶嵌材料。

塑 广西摩尔石 高：32厘米 蒋道银藏

北魏造像 来宾卷纹石 高：52 厘米   黄时战藏

在康熙年编撰的《万寿盛典初集》中汇集了清圣祖六十大寿时宗室官员所献奇珍名目，其中就有和硕显亲王进献的青金孔雀石。真正将孔雀石视作观赏原石的，可能要迟至清代中后期，人们开始以欣赏供石的眼光来看待原矿石的造型。如南京博物院展出有一件清宫旧藏"清铜镀金嵌玉盆景"，其中就有孔雀石（略有雕饰）。故宫宁寿宫中乐寿堂供置的"蓬莱仙境玉石仙台"，系清光绪二十年（1894年）内务府大臣福锟等人为庆贺慈禧太后六十大寿而进献，以"群仙祝寿"为题材，其材质包括玉石、金星石、绿松石、孔雀石、翡翠、玛瑙等贵重材料，其中孔雀石既有雕件，也有原石，不同于其他材质均为雕件，十分醒目。故宫数字文物库中，也收录有一件"清·孔雀石嵌珠宝蓬莱仙境盆景"，取材与"蓬莱仙境玉石仙台"相似。

故宫宁寿宫中乐寿堂供置的蓬莱仙境玉石仙台
（局部）

直到近代，孔雀石方成为一种常见赏石品种，不过也是价格不菲。如地质学家章鸿钊在《琉璃厂观宝玉记》中称，他看到一方孔雀石，"高二尺许，广一尺余，盛以紫檀之座，蕴以锦绣之函，其形嵌空而奇特，层累而直上，如天成岩岫一角者"。这方高过二尺、造型奇特的孔雀石原石，被配以紫檀底座，要价达1200银元。可见，当时孔雀石佳品之贵重。如今，古玩市场也偶见有清代孔雀石山子，至于当今赏石界，孔雀石更多也被认为是一种岩石类观赏石品种作供赏，而不是矿物晶体。

还有现代著名篆刻家、西泠印社元老之一的童大年，他曾经取斋名为"绿云盦"，就是缘于他早年在上海觅得过一方绿松石，玲珑剔透，纯净无瑕，形同春云出岫，并寻得苏州良工以黄杨木制成底座，命名为"绿云"，命其斋名为绿云盦（又有绿云山房之名）。1934年的花朝日，正逢童大年60岁生日，画家王云作《绿云盦主六秩二岁小景》，楼虚的题跋详述其事。画上童大年端坐于岩石之上，面向前方，人物类似摄影的写

王云 绿云盦主六秩二岁小景（局部）

砚山 古孔雀石 泥轩藏

雄鹰 绿松石 高：45厘米 癖石斋藏

真手法，极为细腻传神。四周是竹林和松树，岩石上有一册古籍、一卷画轴和一方落座的奇石，这方石头设色雅丽，层次丰富，玲珑剔透，底座类似树根造型的根式座，十分高挑，盘根错节，与石头相得益彰。这是现代难得的赏石佳话，也是难得的赏石写实图绘，也说明了当时矿物晶体绿松石也是被视为岩石类观赏的。

就像孔雀石一样，矿物在我国古代一直是重要的中药原料。成书于汉代的《神农本草经》是最早的中药学著作，也是中药理论之经典，该书将365种药物分类为玉石部、草部、木部、果菜部、米谷部。其中玉石部收录了四十多种矿物岩石。到了明代李时珍的《本草纲目》，其收录的矿物药增至二百多种。据上海市矿物化石研究会中药矿物专委会主任石云告知，目前常用的矿物中药约有30种，包括白石英、滑石、石膏、紫石英、自然铜、雌黄、雄黄、朱砂、石青、琥珀、云母石、灵磁石、炉甘石等，其中如石膏、紫石英、自然铜都是临床应用广泛的矿物药材。

如浦东益大本草园，是集中药材种植、科学研究、科普教育、乡村旅游为一体的田园式园林，其中有一座用石英、滑石、自然铜、雄黄、钟乳石、禹粮石等四十多种药用矿石堆垒而成的石山，高达12米，用石600吨，树石立碑，名作"炼石谷"，堪称全国第一药用矿石山。

浦东益大本草园矿物药石假山"炼石谷"刻碑

造型石

造型石是岩石类观赏石中的主体，它以三维几何形态为主要特征，包括景观石、具象石、抽象或意象石。按照《观赏石鉴评》国标（GB/T31390–2015），其形态（30%）权重，要远高于质地（10%）、色泽（10%）和纹理（10%）。造型石主要着眼点在于其外形轮廓和内部结构，以优美自然、没有断裂伤口为佳，整体造型以瘦秀不显臃肿为美。造型石类虽然与雕塑有相似之处，但是它不必像雕塑（如根雕）作品那样，需要特别注重细节特征的勾勒，所谓画龙不点睛，这也是传统绘画中的一种写意精神。

观赏石根据其开发藏玩时间和审美取向之不同，一般有古今之分。古代赏石，以"四大名石"（太湖石、灵璧石、英石、昆石）为代表，以瘦、皱、漏、透为造型结构取向，以抽象审美为旨归，具有很高的辨识度，归纳为古典赏石。现代赏石，主要是指改革开放以来发掘赏玩的石种。其中，造型石以内蒙古戈壁石、广西大化石为主要代表，有"北戈壁、南大化"之誉，两者均为硅质岩，质地坚硬，色彩亮丽，皮壳朗润，与古典赏石相比识别度较高。

不知道从何时起，古代赏石有了"四大名石"之说，而且早在宋代均有开发，具有悠久的传承历史，在近代倍受推崇，现今也被大家所援引。这个说法是20世纪90年代中期左右开始流行起来的，但是查不到出处，也是一大憾事，一直心有戚戚。

2018年8月底，到上海当代艺术博物馆参观"觉醒的现代性——毕业于宾夕法尼亚大学的中国第一代建筑师"展览。这个展览由上海当代艺术博物馆、东南大学建筑学院与上海市建筑学会共同主办，以具体的案例，系统性地梳理了20世纪初期中国现代建筑的崛起与发展，回顾了当年负笈求学于美国宾夕法尼亚大学的我国"第一代建筑师"，包括朱彬、范文照、赵深、杨廷宝、陈植、梁思成、林徽因、童寯等二十余位中国现代建筑学的重要奠基者的事迹。其中，留美的童寯、梁思成和杨廷宝，和留日的刘敦桢还被誉为中国现代"建筑四杰"。

"觉醒的现代性"展览现场

清供 高：58厘米 杜海鸥藏

　　"建筑四杰"中的20世纪同龄人童寯学贯中西，通晓中外，是我国较早研究江南古典园林的建筑学家，我读过他在30年代踏勘考察江南古典园林所撰的《江南园林志》一书（中国建筑工业出版社1984年10月版）。该书是中国最早采用现代方法进行测绘、摄影的园林专著，书中述及的一部分园林现已残破或者废弃，尤具历史价值。

　　印象深刻的是，作者在《江南园林志·杂识》中，根据清代园艺家李渔在《闲情偶寄》中提到的"言山石之美者，俱在透、漏、瘦三字"，将古典赏石审美三标准分解到了三方知名江南园林古石："透"的典型是太湖石"瑞云峰"（苏州振华女中校园，原清代苏州织造府址。今苏州第十中学），"漏"的典型是太湖石"玉玲珑"（上海豫园），"瘦"的典型是英石"绉云峰"（浙江石门福严禅寺。今置杭州西湖江南名石苑）。这便是江南三大名石之由来。所以，童寯对于古代园林和赏石是非常有研究的。

　　在展览现场，看到有《童寯文集》，我仔细翻阅了一下，发现作者1965年撰写的《石与叠山》中有这样一段文字："山水以文人画为极则，最初发现山石之美者亦文人，文人不独酷爱太湖、灵璧、英石、昆石，且于登涉览胜之际，到处搜觅美石，笔之于书。"云云。"文人不独酷爱太湖、灵璧、英石、昆石"，这段话应该就是首次将太湖石、灵璧石、英石、昆石这四大石种相提并论，或许也正是如今"四大名石"的最早出处。这一观点也得到了石界人士的积极回应。

　　2019年6月28日，由上海市观赏石协会主办的首届名人名石暨"四大名石"邀请展，在上海沪太奇石文化城"石友之家"举行，这也是首次"四大名石"精品的集结展览，堪称盛况空前。

　　虽然当今古典赏石影响仍在，但在赏石界已不再享有独尊的地位了。值得一提的是，在现代赏石开发出来的新石种中，不乏古典赏石类型形象的，其审美取向往往恪守传统，也是古典赏石资源的很好补充。如原产于江苏苏州昆山玉峰山的昆石，如今又有了浙江余杭和福建龙岩等地新成员

上海首届名人名石暨"四大名石"邀请展内景

淡泊人生 内蒙古葡萄玛瑙 高：45 厘米 惠学耕藏

的加入。而现代赏石则更加注重质、色、形、纹的可赏性和可娱性，突出主题表现，强调形式美学，更多地侧重趣味观照和艺术审美，从而在社会大众的认知和普及度上得到了广泛的认同和传播。赏石不再像从前那样被视若敬供之物，而是更多地带上了游戏娱情的意味。

早在1949年以前，现代赏石的评鉴要素就由赏石家张轮远明确揭示。他在总结雨花石（灵岩石）的评鉴标准时，以"形、质、色、文（通纹）之客观上美好特点，为研究灵岩石之权舆"。其中"质为本体，当属最要"。（《万石斋灵岩石谱》）即所谓内容决定形式。这是以他为代表的一批接受了西方现代科学（地质学）的新知识阶层在赏石内涵上的突破。因为古代文人普遍缺乏地矿科学的意识，对于赏石往往不重质地、不辨质地，单以形式（造型）决定内容（质地），所谓"四大名石"，多为碳酸岩类岩石，而这类奇石由于其质地的可塑性，常见有修治加工。相对来说，现代赏石则以质取胜，多见硅质岩类，质地坚硬，难以酸洗加工。

当代赏石的形、质、色、纹的评鉴要素，源自雨花石，所谓"纹"字正是体现了图纹石，而非造型石的特点，并非是造型石的必备要素。日本水石的质、色、形三要素，就没有纹一项。

日本静冈瀑布石 宽：25厘米 周易杉藏

梦蝶 灵璧纹石 宽：60厘米 方远藏

现代赏石（造型石）形、质、色、纹四要素源自雨花石。其实，清代脂砚斋主人（一个和曹雪芹关系密切的人）在他的《脂砚斋重评〈石头记〉》中就有揭示，他写到宝钗赏鉴贾宝玉颈项所挂宝玉："只见大如雀卵，灿若明霞，莹润如酥，五色花纹缠护。这就是大荒山中青埂峰下的那块顽石的幻象。"分别朱笔批了"体""色""质""文"四个字。这也是首次指出雨花石鉴赏的体（同"形"）、色、质、文（通"纹"）四字诀。

不过，时至今日，造型石中以纹理奇特取胜的石种和石头也被特别关注了起来，其中山石类的灵璧纹石，水冲石类的来宾卷纹石，风砺石类的新疆泥石，尤其吸引眼球，且身价倍增。甚至有的造型石种以纹理、结构特点来命名，如湖南龟纹石、广西棋盘石等等。有的石头评价以纹为先，不得不说这是对于以形赏为主的造型石审美的一种观念上的颠覆。

来宾水冲石"狮子"　宽：20厘米　硅质岩类
李大鹏藏

灵璧石"桃源仙境"　宽：77厘米　碳酸岩类
知磬堂藏

如果说，古典赏石重形态，那么，现代赏石则重质色。古典赏石不辨质地、不重质地，而现代赏石由于引入了地质科学，从而更注重质地，同样一种造型，往往由其形成难度（质地）的大小来评判优劣；古典赏石大多色彩单调沉敛，这也符合传统文人内省型的性格特征，而现代赏石则注重色彩亮丽光鲜，这与当代人的生活多姿多彩，以及高调张扬的外向型性格特征相仿佛。特别是对于质地的讲究，现代赏石已经开始与宝玉石接轨了，并且影响到了新石种的开发。如《观赏石鉴评》（GB/T31390–2015）增加了"色质石"一类，即指以色彩、光泽和质地为主要审美要素，而形态和纹理在鉴赏中处于次要地位的观赏石，形态的权重（15%），让位于质地（20%）和色泽（20%）。

古典赏石向现代赏石的转型，是一个渐进和漫长的过程。比如，作为"色质石"代表的黄蜡石，晚期在岭南地区就已开始流行鉴藏。到了20世纪上半叶，古典赏石正式向现代赏石转型。地质学家章鸿钊所著的《石雅》（初版于1921年）一书，是近代第一部以科学赏石观撰著的观赏石专著，首次科学系统地介绍了奇石、宝玉石、矿物晶体的有关知识。该书不但介绍各类观赏石的形貌特征，还解释了其成因年代、物化特点。这也标志着赏石进入了一个新阶段，即由知其然向知其所以然过渡，由文化艺术赏石向科学赏石过渡，赏石客体由天然岩石为主向矿物晶体、化石等全方位拓展。可以这样说，《石雅》的问世，标志着古典赏石正式向现代赏石转型。

世事如棋 柳州棋盘石 宽：51厘米　柳州奇石馆藏

金台夕照 广西大化石 宽：36厘米 祁伟峰藏

造型石，尤其是古典赏石（如太湖石）的内部结构，孔穴为比较突出的呈象方式。孔穴实际上是皱褶的一种表现，皱褶较深而石体单薄，或是石质疏松的地方，久经风吹日晒，或是受到酸性土壤和流水的侵蚀，容易穿透，形成孔穴。它可分为不通透（又称涡洞）和通透（又称石眼）二种。通透的孔穴具有透风漏月的独特表现效果，给人以实中有虚、虚实皆备的感觉，这与中国画中特别讲究透气和留白的道理是一样的，也是古典赏石之中漏和透的具体表现，带有空间感和神秘感，是一种标志性的"符号"。石眼也有讲究，最好是稍有曲折，避免给人以一目了然的感觉。有的古典园林古代置石孔洞是笔直的（也有稍微曲折的），仔细观察都是无中生有经过人为加工修治的。

如晚明的松江画家孙克弘爱石成癖，尚有石曰"美人峰"的太湖石遗存于世，这是1975年在其松江老宅孙家园遗址所获的一方太湖石巨峰，高4.2米，中部刻有数行行书，因岁月漫漶已无法细辨，但"汉阳太守章"（孙克弘曾任汉阳太守）印款尚清晰可辨，后迁置方塔园兰瑞堂前。此石背部以及左右轮廓多有修治痕迹，奇的是下方有一处孔穴，修治不到一半就戛然而止，并未前后打通，露出了明显的斧凿痕迹，十分醒目。这也是古代园林置石之中罕见的一例。

有孔洞的观赏石往往特别受到青睐。比如灵璧纹石少变化，极难出孔洞，当地石农流行一句顺口溜："纹石带洞，价格要命。纹石象形，价格连城。"灵璧纹石有上层纹石与下层纹石之分，早期挖掘

1975年在上海松江孙家园遗址所获的一方明代太湖石巨峰

的灵璧纹石多为上层石，由于其处在地表或接近地表，纹路分布均匀，纹理凹凸感强，石皮光润，变化较大，易形成孔洞。下层纹石多产自深土中，由于受到酸性土壤作用的侵蚀较多，所以纹路较乱，造型单一，变化较小。

　　造型石除了孔洞结构之外，还经常表现出各种皱褶肌理，有的具有很强的辨识度，如灵璧纹石中的龟纹、胡桃纹、蝴蝶纹、蜜枣纹、螺旋纹、树皮纹、绳纹等，昆石中的胡桃峰、鸡骨峰、荔枝峰、杨梅峰、雪花峰、海蜇峰等，淄博文石中的斧劈纹、荷叶纹、龟背纹、卷云纹、流水纹、蜂窝纹、蛇皮纹等，九龙璧中的平行纹、水波纹、米粒皱、云纹等，还有沙漠漆的罗汉纹，葡萄玛瑙的葡萄纹，等等。此外，还有以奇石肌理特征命名的造型石。如龟纹石，又称龟甲石，主产于湖南郴州桂阳县，属于一种结核石，肌理呈网纹和放射状，如同龟甲纹理，又分为水冲料、戈壁料（山流水料）、山料、地表风化料，十分奇特。又如棋盘石，产于柳州三门江一带河中，大多石体方正，呈平板状，石表有纵横相交的棋盘状纹理，色彩反差较好，十分耐看。再如内蒙古戈壁石中的眼睛石（天眼石）、钱币石、筋脉石等，都是以奇石的肌理结构特征命名的造型石。

　　在评鉴观赏石的造型结构难度的时候，需要特别注意区别不同石种的形成难度。如太湖石、灵璧石之类的碳酸岩类山石，由于容易受到酸性土壤和流水的侵蚀，常会出现透漏孔洞，而硅质岩类水冲石就很难出现孔洞。同样是水冲石，质地不同，其形成难度也有差别，如同出广西红水河大化岩滩的大化石和摩尔石，前者属透闪石化硅质岩，后者属

穿越时空　埃及古磐石　宽：20厘米　周继刚藏

致密块状的砂岩，前者硬度、密度要远高于后者。从造型变化的角度看，摩尔石明显容易出形，而大化石则出形的难度要大得多，两者不能同日而语。

　　据中国观赏石协会不完全统计，目前国内已经开发的岩石类的观赏石品种已不下七八百种之多（南宋杜绾《云林石谱》收录有一百余种），而且近年来从海外（非洲地区居多）引入的不少观赏石新品种，也不断成为爆款新宠，迭代更新不断加快。如马达加斯加的水冲玛瑙（马料），印尼的葡萄玛瑙、蛋白石，埃及的太湖石、古磐石、黑金刚等，几乎已成为每次石展必不可少的主打石种。

观石得云 英石 高：30厘米 陈军力藏

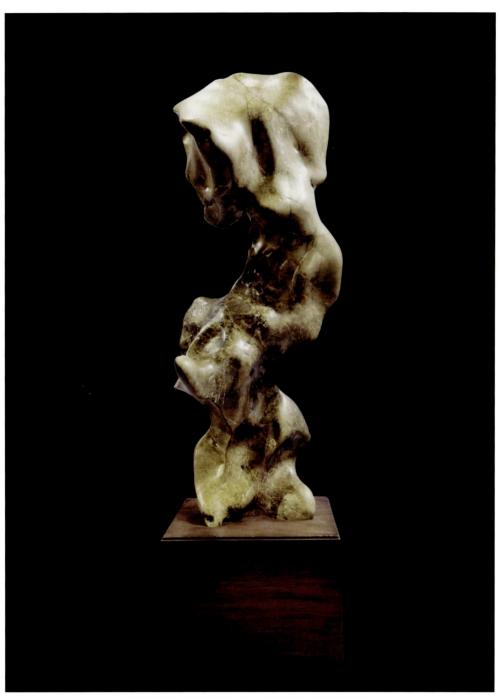

东方维纳斯 广西北丹石 高：115厘米 柳州奇石馆藏

图纹石

图纹石是由于物质成分（颜色）不同或结构、构造不同，而在石体中形成了条带、纹理的观赏石，以优美的图案、纹理或文字为主要的鉴赏要素。按照《观赏石鉴评》（GB/T31390–2015），其纹理（25%）权重远高于形态（15%）、质地（10%）、色泽（10%）。

图纹石可分为原石和切割石两大类。原石是指未经加工处理的独石。它一般都有完整明显的石皮，绝大部分是江河湖海中的卵石，如长江石、黄河石等，多数图纹石表皮较粗糙，水洗度不高，肉眼可见细微毛孔，在干燥状态下颜色较浅，反差不是很强烈，上水上蜡后颜色就会光鲜许多，对比度提高；一小部分则埋于泥土沙砾之中，石表受到酸性或碱性土壤侵蚀，图纹会显得有点模糊不清，如雨花石等。

南京六合横梁矿区沙石场 （彩石居摄）

南京六合沙砾层中的雨花石 （郭平顺摄）

狭义的雨花石大都产自南京附近的六合、仪征丘陵地带的沙砾层中，与沙砾伴生。雨花石的开发，完全是因为大规模开采黄沙（建筑材料）而衍生的副产品。当地有"一吨黄沙四两石"和"吨沙一石"的说法，意思是每开采一吨沙石矿，才能够出产一颗好的雨花石。可见，雨花石精品开采代价之大。早在20世纪60年代，六合沙矿就已开采。直到2014年底，六合横梁矿区所有沙石场关停，雨花石增量资源面临枯竭。目前，关停的沙石场矿山宕口还有裸露的雨花石层，尚能捡到少量雨花石。

而绝大部分雨花石亿万年来与沙砾为伍，所以石表多被侵蚀，色彩纹理模糊不清，需要抛光或者水养才能显现芳容。雨花石质地千变万化，其中，玛瑙质的细石不过千分之一，而真正具有收藏价值的，更是万里挑一。当然，粗石之中也不乏颇具收藏价值的珍品。

雨花石收藏的主流玩法就是清水供养，其实还是在宋代以后才有的。比如，古代首部石谱——南宋杜绾《云林石谱》，收录有"六合石"（即雨花石），其中写道："真州六合县，水中或沙土中出玛瑙石，颇细碎，有绝大而纯白者，五色纹如刷丝，甚温润莹澈。土人择纹采或斑斓点处，就巧碾成物象。"可见，至少在南宋初期，雨花石是作为玉雕原材被选用的，从宋代遗址出土的一些雨花石的石雕动物，也证明了这一点。

雨花石清水供养比较确切的记载，最早是在元初文学家郝经中统五年（1264年）所作的《江石子记》中。当时，郝经作为元代朝廷翰林侍读学士充任国信使，南下出使南宋议和，途中被南宋奸相贾似道拘禁于真州（今江苏仪征）达16年之久。这期间，当地所产的雨花石深深吸引了他的目光，《江石子记》中提到的"仪真濒江，土脉秀异，或过雨，或治地，每得石子，皆奇润可爱，诸色备足……每得一，则如获物外之奇宝，濯之以清泉，薰之以沉烟，置之盘盂之内，而簸弄于明月之下。"就是首次介绍了"江石子"（雨花石）清水盆供的观赏之法。

雨花石并非都需要清水供养，也有水洗度极好的，可作手玩石，也可作供石。据南京资深雨花石玩家彩石居主人介绍，一般水洗度好的雨花石，都产于地表下十米左右的砾石层。我猜想，可能是因为这个地层的碱性地下水溶蚀作用最为强烈，或者是原来古河道的冲刷激荡。如

金陵圣果（雨花蛋白石组合） 征争藏

我见青山多妩媚　九龙璧和雨花石组合　枕石斋藏

今因为开矿挖沙，砾石层剖面往往面壁陡立，高达数米至十多米。砾石层所富集的石子，既有当地附近所产的近源（磨圆度较差），也有来自古长江及其支流古秦淮河、古滁河搬运沉积的远源（磨圆度较好）。比如，我曾经在安徽铜陵的石友那里，看到过产自当地长江边丘陵砾石层中的雨花石，与南京雨花石几无二致。据当地石友相告，通常埋得越深，石质越好，现在地下三五十米深处还有奇石赋存，南京市场上出售的雨花石，有的也是出自铜陵的。南京雨花石的源头应该还有更远的，那就是产自长江中游湖北宜昌一带的雨花石。相比较南京雨花石，宜昌雨花石个头普遍偏大，质地也稍欠润泽。

曾经在江浙一带的古玩商家那里看到过一些雨花石，水洗度较好，无须水养，但看得出是有些年纪的，因为表面有一层包浆（一般水洗度上佳的石头，人为包浆很难显现）。还看到过一方雨花玛瑙石，色泽蜡黄，造型圆润，纹理流畅，高七八厘米，厚有两厘米，水洗度很好，还有一丝包浆旧气，妙的是有原置老红木底座，一看落榫处就是清代老座的做工。这也是罕见的一方带有老座的雨花供石。

这些年，因为受到供石和小品石赏玩的影响，雨花石收藏者中也出现了一些玩供石的，倒也是别开生面。印象最深的莫过于"金陵玩石人"征争，他早在20世纪70年代初开始就收藏雨花石，老而弥笃，如今每周六早上，在南京清凉山公园奇石市场的雨花石摊点，依然能够见到他觅石的身影。由于他本人是位书法好手，通晓艺术，所以对于雨花石的收藏，尤其是盛具选择、组合搭配、置景演示，极其用心，颇有心得。特别是他独具一格地将雨花供石与文玩杂件混搭组合，十分雅致脱俗，每次个

"乱坠天花——雨花石与金陵风韵"特展现场

展都令人惊艳。记得2016年9月10日，南京博物院举办的"乱坠天花——雨花石与金陵风韵"特展上展出了征争的300余枚藏石作品，并出版了同名画册。这也是"国字号"的博物馆首次为民间藏石家举办的个展。躬逢其盛，印象深刻。

另据南京资深雨花石藏家池澄等人考证，《红楼梦》中的主人公贾宝玉"衔玉而诞"的那块"通灵宝玉"就是雨花石。关于"通灵宝玉"的形纹特征，曹雪芹在《红楼梦》（甲戌本）第八回里是这样描述的："只见状如雀卵，灿若明霞，莹润如酥，五色花纹缠护。"这与雨花玛瑙极为相似。曹雪芹自小生活在南京，直至13岁才离开，按理说他完全应该有着雨花石的阅

历。贾宝玉的"衔玉而诞"，可能多少就是这种南京先民习俗的遗风了。至于曹雪芹为何指石（雨花玛瑙）为玉，我想答案也是现成的：贾宝玉者，假宝玉也。

如今，雨花石正式有了玉的名分。2019年7月11日，江苏省市场监督管理局颁布了江苏省地方标准《雨花玉鉴定和分级》（DB32/T600–2019），8月1日起正式实施。该标准由江苏省黄金珠宝检测中心有限公司、江苏省质量和标准化研究院、南京雨花石协会等七家单位制定，雨花石中的蛋白石正式以雨花玉名称，跻身于珠宝玉石行列。按照《雨花石鉴定与分类》（DB32/T3978–2021），雨花石被划分为雨花玉、玛瑙雨花石、石英质雨花石和化石雨花石四个亚类。雨花玉原来称作蛋白石（雨花石），质地凝润，似透未透，色泽雅致，少见间色，但是不同于宝玉石中的"蛋白石"，矿物成分是"正玉髓"，为雨花石中的极品，身价不菲。雨花玉的定义是："以针状正玉髓为主要成分的岩石，经陆相沉积作用形成于古河床沙砾层中，石质致密细腻，外观润泽，具有观赏和收藏价值，可用于雕刻制作饰品的砾石。主要产于江苏六合、江浦、仪征等地。"

在图纹石的原石中，也存在着清洗处理石皮的情况，包括酸洗、上蜡等，但原则上是不会改变石头的外形和图纹的。有的石头经过打磨抛光，表面图纹可以更加清晰可辨，比如雨花石。但有的石头经过抛光以后，其实已经改变了其原形，甚至是岩石经过切割减肥以后再经过抛光处理，让人无从判断其原来的形状，这只能归类到切割石了，如湖北清江石中，就既有原石，也有切割打磨的加工石。

所谓切割石，也就是将岩石或是原石经过加工切割或者打磨、喷砂处理，使其图纹能更加清晰地显露出来。这其中可以分为两类，一类是模仿原石的卵石类造型，也就是将原石经过减肥处理，大体保持原石的立体造型，如青海七彩石、洛阳荷花石、湖北菊花石、广东乳源彩石等；一类是模仿图画的样式，将原石切割加工出几何形状或者不规则的平面造型，如云南大理石、广西草花石、海洋玉髓等。

图纹石主要聚焦的是其图纹，未经加工处理的原石图纹形成难度最大，特别是在表现类似主题图纹画面的情况下，其价值要远远高于经过加工处理的准自然石。经过加工处理的准自然石，虽然其图纹也是天然的，但并不能完全排斥人为刻意加工处理，至少有人为作用的成分因素。比如说，原来的图纹像一枝梅花，但枝干有点乱，如果经过减肥打磨处理之后，乱枝往往可以修减去掉，使得画面更加动人。包括平面造型的图纹石，虽然图案也是真实的，但并不能排除其已经将冗余部分切割掉了，也无法判断是否经过了人为反复打磨所刻意追求的最佳效果。

春光乍泄　四川雅安大理石　宽：70 厘米　杨淦藏

　　通常经过切割打磨减肥加工处理的图纹石，其图纹画面主题往往能够更加生动形象，鲜丽夺目，甚至不排除有绝品形象出现，其观赏价值乃至经济价值有的并不比原石低，但是，其天趣已失。

　　需要强调的是，在准自然图纹石中，图纹应该与石表平整一致，有的凸现或是凹现于石之肌表的纹理，要特别注意是否是人工刻意磨琢（点磨）而成的，如是，则已经超过了基本加工处理的底线，变成为一种做手了，只能视其为工艺石。而有的图纹石原石（卵石）的纹理也会有凹凸，应该特别注意有没有被加工，一般经过加工的往往石皮不存。

秋水长林　广西国画石　石载福藏

诸事如意　台湾南田石　宽：18 厘米　朱若弟藏

菩提树下　四川长江石　宽：21厘米　向能生藏

百年好合　洛阳荷花石　宽：20厘米　陈善良藏

爱之花　海洋玉髓　高：6厘米　邵卫藏

浅滩奇景 广西大湾石 宽：10厘米 枕石斋藏

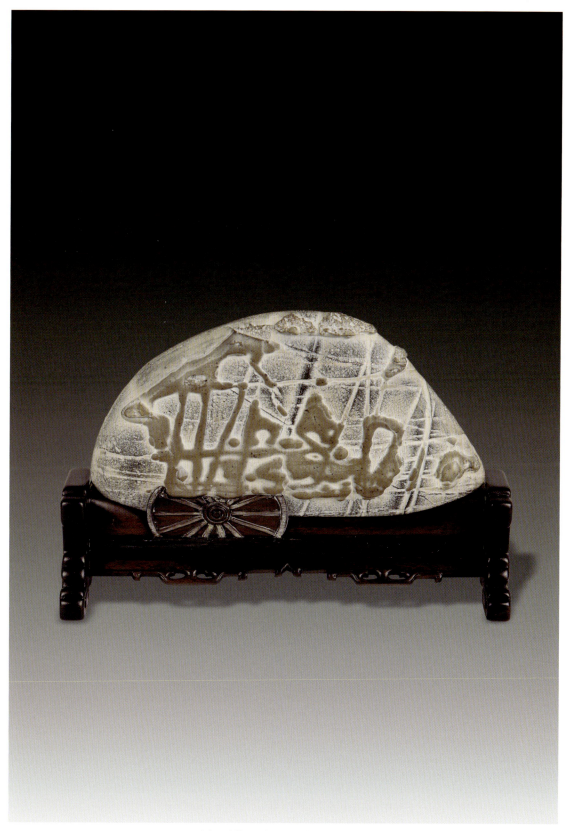

巡视 陈炉石 高：15厘米 信金宝藏

层林尽染 四川雅安大理石 高：270厘米 倪国强藏

色质石

色质石是以色彩、光泽和质地为主要的审美要素，而形态和纹理在鉴赏中处于次要地位的观赏石。如《观赏石鉴评》国标（GB/T31390–2015）中，明确了"色质石"质地（20%）和色泽（20%）的权重要高于形态（15%），而且质色并重，不分轩轾。

如果说，古典赏石重形态，那么，现代赏石则重质色。现当代流行的赏石按照地域特点大致可以分为东、西、南、北四方：东部是以浙、赣、皖等沿江河地区出产的黄蜡石为代表，西部是以长江、黄河中上游出产的图纹石为代表，南部是以广西红水河出产的水冲石（如大化石）为代表，北部是以内蒙古阿拉善戈壁滩出产的戈壁石为代表，可以称作"东黄蜡，西长江，南大化，北戈壁"。无论哪种类型，其多为硅质岩或是砂岩类，大都质地坚硬，色彩丰富，难酸蚀加工。

在现代开发的石种之中，多存在以色质为主要看点的石头，只是有的石种比较突出而已。如内蒙古沙漠漆，堪称戈壁石中的极品，虽然大多数造型没有特别的形象主题，但所谓沙漠漆，已点出了其以色赏为主的赏鉴特征。沙漠漆是指戈壁石表面的一层漆色，其实是一层色釉，也可以说是大自然上千万年形成的包浆，是由含矿物质的地下水蒸发时停留在石头表面凝结而成的，其厚薄不一，越厚越滋润越好，其质地或碧玉，或玉髓，或玛瑙，肌理饱满，有的有罗汉（袈裟）纹。沙漠漆色泽包括黄、红、黑、褐、白等色，少见间色，以黄为尊，包括虎皮黄、黄金黄、橘皮黄等，以色为先，以大为贵。

黄蜡石可以说是能够横跨造型石、图纹石、色质石这三大类赏石的最具代表性的石种了。其色质石的属性更为强烈一些，观赏价值极高。蜡石主要成分由石英砂岩、火成岩、石英岩等多种矿物及二氧化硅组成，属矽化安岩或砂岩，其摩氏硬度在6.5~7度之间，有的质地凝灵通透，质胜于玉，可以是很好的玉料雕材。如今广东台山黄蜡石质地佳者称为台山玉；云南龙陵黄蜡石质地上佳者温润灵透，被称为黄龙玉。其质地根据透明程度和表面光洁油润程度等而下之可以分为冻蜡、胶蜡、晶蜡和细蜡，色彩总体可分为黄、红、白、黑四大类，其中黄蜡石最为多见。而且黄蜡石色泽与田黄石比较接近，也是明清文人乃至帝王比较喜好的一种富贵之色。

黄蜡石至少在明末就有发掘，有着明确的历史传承记录。黄蜡石重质重色，是与现代赏石观念接轨的一个石种。它的出现，是对以"四大名石"为代表的古典赏石观念的一次颠覆。黄蜡石收藏流行于岭南地区，这固然是因为当时岭南（以潮州地区为代表）是黄蜡石主要产出之地，另外也可能岭南（尤其是广州）是西风东渐之主要地区，与当地文人士子观念

中国结 黄蜡石　涂卫东藏

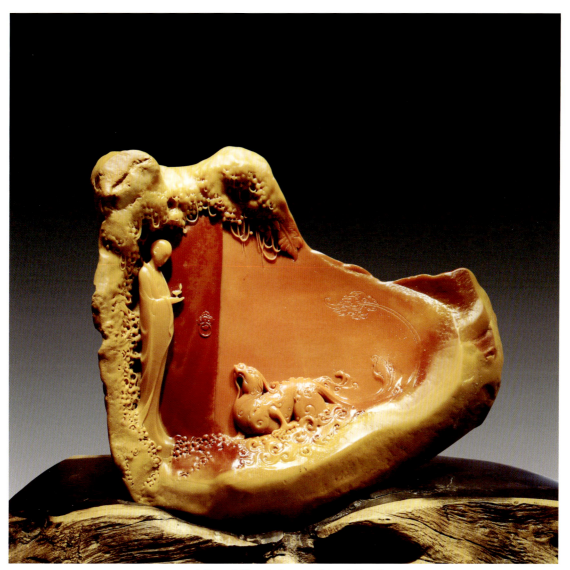

日光蜡照 黄蜡石雕 高：30厘米 金仲稀藏

比较开放有关。如清代广东顺德名士、慈善家和诗人梁九图，便是一位知名藏石家，他在《谈石》一文中认为："蜡石最贵者色。色重纯黄，否则无当也。"这也是今人玩赏黄蜡石的主要取向。

随着黄蜡石的广为发掘，其外延也在不断延伸，凡是具有蜡质感的硅质岩，通常都被称作了蜡石。在内蒙古戈壁石、广西大湾石等石种中，均有蜡石赋存，以水冲石最佳。各地至少有十八个省（自治区）所产的蜡石品种多达三十余种，这在其他观赏石品种（如硅化木、菊花石等石种）中也是仅见的，其中分布较多的是广东、广西、福建、江西、浙江、湖北、陕西等地。

现代赏石重色质，最经典的石种应该是广西彩陶石。彩陶石主要产于广西红水河合山市境内的溯河村至马安村河段，20世纪90年代初，最早发现于合山市河里乡马安村的河滩上，又称马安石。彩陶石，是广西红水河优质水冲石最早被开发的一种，也称得上是现代赏石的一个标志性事件。所谓的彩陶石，其实就是按照唐三彩的艺术表现（色彩）特征来命名的，因为彩陶石的色彩基本上也以黄、褐、绿为主，而且不少表面有一层水洗釉色，色彩绚丽，色度牢固，经久不褪，这些特征与唐三彩极为类似。彩陶石的命名，最主要的原因恐怕还是想向主流收藏艺术品靠拢或者说接轨。

如来 广西彩陶石 高：49厘米 陈进庆藏

彩陶石造型多见浑圆方正、稳重大方，其鉴赏更是注重质地和色彩，尤其是绿彩陶的出现，可以说是完全颠覆了以往人们对于石头的固有观念。从色彩上讲，绿彩陶讲究颜色纯净，了无杂色，不重纹理；从质地来讲，其属于硅质岩、凝灰岩，表面有釉的为上品，也被称为绿玉石，注重皮质细腻，光彩照人，这些鉴赏要诀，所以更接近于玩赏玉石（籽料）的理念，这也引领了以后水冲石的收藏欣赏重质、重色的风尚。

雄风　内蒙古沙漠漆　宽：56厘米　王广藏

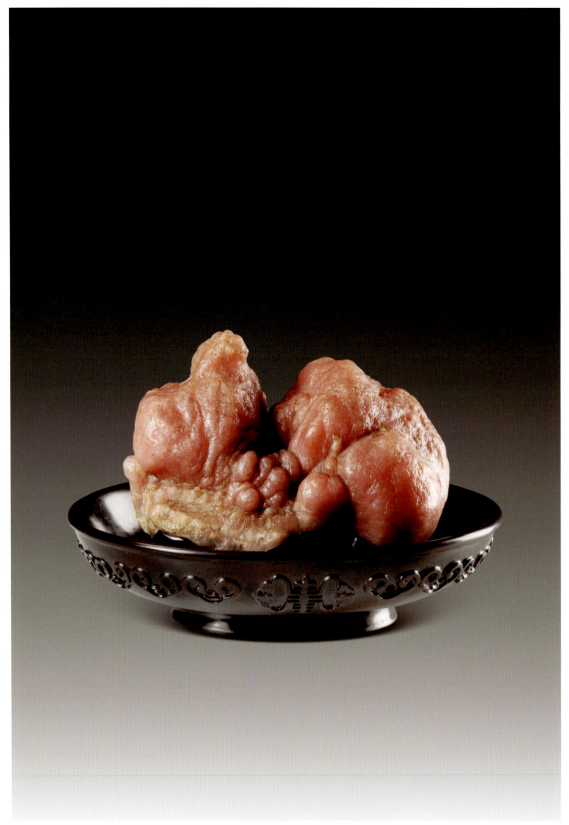

寿桃糕 内蒙戈壁玛瑙 宽：13厘米 倪国强藏

天德　广西彩陶石　高：25厘米　江锦瑜藏

化石及其他

化石是指存留在岩石中的古生物遗体或残骸，或表明有生命遗体存在的证据都谓之为化石。从太古宙（34亿年前）至全新世（1万年前）之间都有化石出现，它是反映各个地质时代生物形态及其生存状况的信物，是我们了解生命的历史和地球生态环境变迁的物证，是研究古地质、古气候的科学依据。

生物化石形成的观赏石，根据保存形式可分为实体、铸模、印痕等几种类型。一般要求形体完整、体量适度，天然围岩、石化程度高；品种稀缺、珍贵或组合奇特；单体形态生动、栩栩如生，组合整体协调，主体鲜明且特征明显。

虽然化石绝大多数不属岩石类观赏石，但在造型石和图纹石中，也存在少数化石赋存，其围岩多为碳酸岩（如太湖石）乃至硅质岩（如雨花石），在一些观赏石中时有所见。相比较原生态的化石，这类化石因其围岩的特殊性和数量的稀缺性而倍添意韵，往往具有出奇的观赏效果，以及人文科学的内涵。

华锦织秋　广西水冲珊瑚化石　宽：22厘米　郦申全藏

如灵璧石中的重要品种皖螺石，又称龙鳞石，就是一种化石，不同于灵璧磬石。它产在安徽灵璧县磬石山、九顶山、灵山一带，尤以朝阳镇李寨最为多见（徐州、淮南等地也有分布，只是质色稍有差异），因其通体多见类似龙鳞而得名，颜色有红、黄、灰等色。所谓皖螺石，皖是安徽省的简称；螺是指它石表常见有众多凸起形似螺壳涡状的旋纹，有称羊眼石或金钱石，也有呈规律状的层叠纹理，实际上是远古海洋蓝藻类植物的遗迹化石。蓝藻有"先锋生物"之美称，广泛分布于自然界，有些还可穿入钙质岩石或介壳中或土壤深层中，它们在岩石风化、土壤形成以及水体生态平衡中起着重要的作用。蓝藻类植物死后与海水中的碳酸盐一起沉淀，形成碳酸盐层埋于地下，经过地质作用成岩，结晶为方解石、白云石，局部或全部保留了蓝藻类植物的遗迹。

化石视作为岩石类观赏鉴藏，莫过于硅化木。硅化木虽然属于化石，却是化石中的另类。

"桥虹叠翠" 古灵璧皖螺石 宽：12厘米 曾小俊藏

事实上，从古到今，我们更多是把它当作造型石来欣赏和收藏的。木化石欣赏之源在中国，收藏之根在浙江永康。木化石自古一直被称为松化石，因为大部分木化石的原来植物都是松树。当地松化石的发现和收藏源自唐代。晚唐著名诗人陆龟蒙有《二遗诗》，所谓"二遗"，是指诗人好友羊振文、李中秀分别馈赠给他的两方永康松化石，一方可做石枕，一方可做琴荐，陆龟蒙作诗谢之，在诗序中特别提到，"二遗者何？石枕材、琴荐也。石者何？松之所化也。化于何？越之东阳也。东阳多名山，就中金华为最，枝峰蔓壑，秀气磅礴数百里，不啻神仙登临，草木芬怪。永康之地，亦蝉联其间，中饶古松，往往化而为石，盘根大柯，文理曲折，尽为好事者得而致于人间，以为耳目之异。"可见，当时在永康搜求松化石已成一时之风气。

唐始至清，从古数到今，永康松化石之声名不绝于耳，传承有绪，包括南宋杜绾《云林石谱》、明代林有麟《素园石谱》等都有记载和描绘。如《云林石谱·松化石》，介绍永康松化石"土人运而为坐具，至有如小拳者，亦堪置几案间。"这在其他石种中也是很少见的。永康曾被命名为松石镇，至今在地名中还保留有松石山、松石路、松石街、松石桥、松石井等称呼。永康松化石的古代遗石至今还存留了一些。如"徐震二公祠"，建于清代中期，是永康市迄今保存最完整的清代古祠堂，1997年8月被命名为浙江省重点文物保护单位。该建筑前后四进，第一进的天井里，左右两侧各有一座雕花石盆供置的松化石，这两方松化石原来是明代还今祠的古石，名作"松龟朝阳"，后来迁至此处保存。

据永康当地藏石家徐诚介绍，一直以来，当地人将松化石视作是镇宅、防火、辟邪的"吉祥之石"，2021年4月26日，由徐诚创建的以展示木化石及其历史文化的"松石馆"，在永康市前仓镇石雅村正式对外开放，躬逢其盛，石馆展陈有近百方来自世界各地的木化石藏品，其中产自永康的松化石格外亮眼，有关古代木化石鉴藏的史料更为详备。

浙江永康"徐震二公祠"内明代松化石
（徐跃龙摄）

永康松化石山石、水石皆有，尤其是永康江流域所产的水冲木化石，质地玉化，色彩明丽，造型多变，如今还时有发现，成为石友们喜闻乐见的石种，当地及周边地区爱好者甚众。此外，浙江新昌澄潭江流域、江西鹰潭信江流域等地也产水冲硅化木，质色与永康松化石颇为相似，也有不少收藏者。

新昌石友们主要赏玩的，是当地所产的水冲木化石、黄蜡石。历史上新昌地区曾是火山活动活跃的地区，盛产硅化木，主要集中分布于穿岩风景区附近的山丘上，掘之可得。2006年5月，当地还建成了国家级地质公园——浙江新昌硅化木国家地质公园。

浙江新昌硅化木国家地质公园中的直立硅化木

新昌玩赏木化石之风，最早可上溯至南宋末年，时任丞相的乡贤王爚（1199年—1275年）归来后曾在故里长潭宅第营造"东花园"。当时，松石还不入世人眼目，大多被用作砌墙，"松石非有夹道灵璧之奇，太湖拳虬菱溪之怪，可供富贵之娱。且野人不以为雅，堆之墙者，可见贱之也。"（南宋·车若水《东花园石松记》）王爚独具慧眼，"爱松且爱石"，他不但搜集各处松石置于东花园中，"松石独置一所，枝竖丛聚，敬爱珍惜，落腥蜀红不与也。"还在《闲远楼记》中自称"运石营山，构楼数楹，匾曰闲远间，植松柏康干石林"。这也是最早见诸史书的一位木化石收藏鉴赏家。

在2003年首届新昌奇石展上，就展出了一方南宋丞相王爚"东花园"旧址出土的木化石（直径60厘米、高35厘米，重约250千克），品相端庄，棱角圆滑，包浆老熟。此石原来可能

泼墨山水 永康水冲木化石 高：17厘米 李建成藏

是用作天然座坐具（南宋《云林石谱》"松化石"载："产婺州永宁县，土人运而为坐具，至有如小拳者，亦堪置几案间。"），既是新昌石文化源远流长的重要佐证，也是难得的木化石中的传承石。

在古代木化石收藏史上，清代皇帝康熙和乾隆祖孙俩值得一提。康熙有御制文《木化石》（收录于《几暇格物编》），述说了木化石的不凡之处，不过，他写的木化石产于"龙兴之地"黑龙江一带的河中，至今松花江沿岸仍有木化石出土（水），"黑龙江乌喇等处，水极凉。河中尝有木化为石，形质与石无异，而木之纹理及虫蠹之迹仍宛

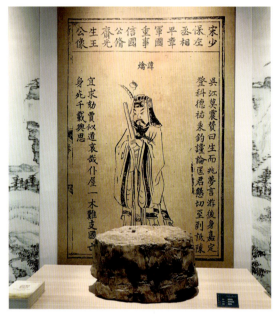

相府遗石 水冲木化石 徐跃龙藏

然未泯。或有化石未全，犹存木之半者。以之磨砺刀箭，比他石为佳。又鹿角、人骨亦能变石，造物之巧，种种化机，非意想所能及也"。

乾隆也特别喜爱木化石，写有多首咏赞诗作。至今在故宫尚存的3方木化石，分别供置于御花园绛雪轩、宁寿宫花园倦勤斋和建福宫惠风亭，其中御花园绛雪轩前的一方硅化木，"长六尺余，森立介如"，产自东北康干河（发源于兴安岭，西流入贝尔湖之喀尔喀河一带），是黑龙江将军福僧阿进贡的，石表留下了乾隆丙戌（三十一年）御制诗："不记投河日，宛逢变石年。磕敲自铿尔，节理尚依然。旁侧枝都谢，直长本自坚。康干虽岁贡，逊此一峰全。"另有一方供置于中南海瀛台蓬莱阁前，高达八尺，据说是明代遗物，乾隆作有多首咏赞诗。其中《瀛台观木变石》诗云："异质传何代，天然挺一峰。谁知三径石，本是六朝松。苔防犹疑叶，云生欲化龙。当年吟赏处，借尔抚遐踪。"

关于康干河出产木化石，最早在唐代就有此说。北宋欧阳修等编《新唐书》（卷二百一十七下，列传第一百四十二下，回鹘下）中有记载："拔野古一曰拔野固，或为拔曳固，漫散碛北，地千里，直仆骨东，邻于靺鞨。帐户六万，兵万人。地有荐草，产良马、精铁。有川曰康干河，断松投之，三年辄化为石，色苍致，然节理犹在，世谓康干石者。"拔野古部落在今黑龙江地区，其中提到的康干河，发源于兴安岭，西流入贝尔湖之喀尔喀河。

故宫御花园的硅化木（留有乾隆御制诗镌刻）

至尊 贵州桫椤玉化石 高：29厘米 秦石轩藏

当地所产落叶松枝干落入河中，岁久被河床中的硅质所替代，形成木化石。康干，后世也成为木化石的代名词。至今，在松花江流域还时见有水冲木化石，大都完整地保存了树瘿、纹理，但水冲玉化程度普遍不高，介于山石和水石之间。

硅化木的产出，包含了山产石、水冲石、风砺石三大类，质地有硅质、玛瑙质、玉质、蛋白石等，这在其他观赏石品种中也极为罕见。其分布包括新疆、内蒙古、江苏、浙江、江西、云南、贵州，乃至国外的蒙古国、缅甸、埃及、巴西、印度尼西亚等地，而且在不少主打石种之中多有赋存，如南京雨花石、广西来宾石等。从其色彩来看，红、黄、绿、褐、黑、白各色皆备，其中尤以缅甸树化玉为典型。缅甸木化石都埋于土层之中，有干料和水料之分，干料硅化程度因没有达到玛瑙化，故质地粗，砂感强，木质质感明显；水料则完全玛瑙化，质地均匀细腻，透明度强，但表面都带有风化皮壳，需要清理打磨。从其形状来看，不仅仅是树干、树桩等典型造型，还包括景观、象形、抽象等各类呈象。从其纹理来看，绝大部分硅化木都保留了其原始的木纹肌理，留下了岁月印记。

浙江永康水冲硅化木（局部有芝麻点）

寿与天齐　永康水冲木化石　高：31厘米　马春芳藏

从造型和结构变化来看，风砺硅化木可以说无出其右，无论景观、象形多有精彩的藏石问世，而且其变化之多端、主题之多元，与内蒙古戈壁石、新疆风凌石相比不遑多让；水冲木化石虽然造型变化稍微欠佳，但质地、纹理变化更大，有的质地完全玉化，有的纹理形状像物。如贵州安顺近些年发现的水冲硅化木中，有珍稀蕨类木本植物化石——桫椤化石（桫椤玉），其横截面有的呈现出完美的"八卦图"，神秘而又美观。这类辉木化石在雨花石中

八卦 贵州桫椤树化石 宽：15厘米 何保宽藏

也时有所见；树化玉则以质地、色彩取胜，尤其以朱砂红、翡翠绿为上品，其质地的通透（水头）有的堪比上品翠玉，成为玉石类新秀，完全超越了人们对于木化石的认知程度。

关于化石的鉴别，需要留心一些似是而非的"假化石"。如"模树石"，因石纹酷似松枝、水草而得名，在一些岩石断面或是剖开以后，石面上呈现松林或是柏枝、水草的景象。古代就有发现，如南宋赵希鹄《洞天清录·怪石辨》记载："蜀中有石屏，自然有小松形。或三五十株。行则成径，描画所不及。又松止二寸，正堪作砚。"这类图纹在许多石种中多有所见，包括现代新开发的黄龙玉、

黄龙玉中时见水草花 葛宝荣藏

朝天歌 新疆风砺木化石 高：15厘米 薛云生藏

海洋玉髓等，很多人认为是植物化石，但实际上是一种假化石。近代地质学家章鸿钊在《石雅》中解析了其成因："不知者误以为古代植物所化，实乃金属矿质（如锰铁之氧化物等）流积于岩石层隙间，久而凝结，遂成树林形者是也。凡砂石、灰石、粘板石等，往往解开易得，火成岩中亦偶有之。"同时他还指出，晚唐宰相李德裕的所谓"醒酒石"，浇水视之有林木自然状，有称"婆娑石"，当为"模树石"之一种。

又如在世界各国多有出产的菊花石，最早为清代湖南浏阳地区所开发，用于制砚和清赏。章鸿钊《石雅》一书中，对湖南浏阳菊花石成因进行了考证，"乃为灰质粘板石（Calcareous clay slate）。其结为花形者，悉方解石为之也。盖当方解石结合时，其质由散而聚，即聚而凝，向中愈密，以其余液，迸流四射，辄复坚结，玉洁冰莹，宛若花瓣，或大或小，而常呈菊花之形，此菊花石之所由名也。"也就是说，菊花石中菊花的形成，是一种地质现象。他还认为，浏阳菊花石"惟中多灰质，琢而为砚，顽滑过甚，往往拒墨，岁久复易凹陷"，并非制砚上选。

古菊花砚 湖南菊花石 高：24 厘米 韩天衡美术馆藏

这些年，观赏石在引入海外优秀品种的时候，有向宝玉石方面接轨的趋向，最典型的便是海洋玉髓的崛起。

玉髓属于超显微隐晶质石英集合体，结晶度高，颗粒度小，质地非常细腻。海洋玉髓，便是产于"宝石之国"马达加斯加的玉髓（又称"海玉"）。此外，巴西也产海洋玉髓，一般被称作"巴玉"。马玉与巴玉的主要区别在于，马玉色彩淡雅，巴玉色彩艳丽。

海洋玉髓质地温润、通透、坚致，材质等而下之大致可分冰透、半通透、瓷白三种，凡是质地越细腻、越透明，其含水量越少，色彩保真度越高，画面图案稳定性越强。它的摩氏硬度达到7以上，透着宝石的珠光宝气，最早是被当作玛瑙类材质加工成器把玩。国内主要集散地和加工场在江苏连云港"东海水晶城"、福建厦门海沧东埔"玛瑙村"、辽宁阜新十家子镇"玛瑙城"等地。记得十多年前，在广州华林国际玉器城以及沪上城隍庙藏宝楼珠宝首饰店中，我接触过这类"巴玉"，当时主要加工成鼻烟壶、手镯或者印章之类，有的确实质地通透、画意盎然，为国内罕见。后来，又在内蒙古赤峰的玉石市场看到了"海玉"，感觉"种水"特别好，特别是水墨纹理构成的画面，配以羊脂玉般的底子，富有国画的韵味，这是一般宝玉石所仅见的。

母亲 海洋玉髓 高：5.2厘米
范磊藏

观音 海洋玉髓 高：3.6厘米
李尚文藏

貌不惊人的海洋玉髓原璞

海洋玉髓不仅仅是因为宝玉石一样的质地，更吸引人的是其如梦似幻的图案画面，无论具象、抽象、意象，都有令人眼睛一亮之处。这在很多石友心中，无疑是一种宝玉石类的图纹石；而在玩赏珠宝玉器的藏家眼中，它又多了一股自然清新之风。而且，海洋玉髓因为原石个头不大，外表都有层厚皮，其中状物成景的图案画面往往也不大，虽然切割开来有没有好的画面都要凭运气，但一般都不会没有画面，即使没有画面的加工成吊坠、戒面之类，便于携带，老少咸宜，所以在石界广受青睐。

涅槃 海洋玉髓 高：8厘米 王华强藏

埃及艳后 巴西玉髓 高：6.2厘米　　　孔子 巴西玉髓 高：5厘米　　　活佛 巴西玉髓 高：5.2厘米
　　　尹良保藏　　　　　　　　　　　　　范磊藏　　　　　　　　　　　　李尚文藏

　　海洋玉髓的画面图案，比一般的玛瑙表现力要强得多，有的画面象形程度（人物、动物、花草）可以逼真到如工笔画一般，也有的像泼墨写意山水，颜色鲜丽，色比强烈，而且常在不同光源下产生不同的色彩效果，有的还具有立体三D效果，被誉为"天画"。它的出现，也打破了观赏石界和珠宝界的界限。

　　同样出自"宝石之国"马达加斯加的玛瑙，比起海洋玉髓开发时间要更早一些，也是石友们非常喜爱的赏石品种。马达加斯加的玛瑙在山中和水中均有产出，尤其以水冲玛瑙为佳，主要产于河道之中，俗称"马料"，又称冰彩玛瑙。"马料"被誉为全世界最好的水冲玛瑙。它的个头普遍不大，总体上比起雨花石稍大一些，磨圆度、水洗度均佳。质地细腻、润泽，既有玛瑙质，又有玉髓质，摩氏硬度为6.5~7，有的水洗度达到玻璃光泽，俗称"玻璃皮"，质地上佳的水头甚好，有的还有荧光效应。石表都有一层薄皮，内质光照通透，且色彩往往表里不一。比如乌鸦皮，外表为黑褐色，内里透光则为白色、黄色、红色。常以暖色调多见，明度较高，色彩丰富。有的俏色和花纹构成画面图案，纹理多见螺旋纹和缠丝纹。有的造型奇特，状物象形。有的带有孔洞，举凡山水、人物、动物、花鸟、鱼虫、食品、器皿等等，无所不有。有的内质有水胆，十分罕见。因为水洗度好，可以作为掌玩和茶宠，也可作吊坠、手串等用。有的还可作为小品组合石。

　　"马料"玩法颇多，不像一般的观赏石只以主题为主，而是以玩皮、玩色、玩纹等居多，类似于和田玉籽料的玩法，所以也有称"马料"为籽料。

瞧这一家子（内蒙古沙漠漆，新疆彩玉、马料组合） 得云轩藏

清香可口 马料、玛瑙等组合 得云轩藏

千嶂承宇 内蒙古风砺硅化木 宽：20厘米 郑文藏

清供 马料 高：9厘米 枕石斋藏

盘龙 马料 宽：15厘米 杜易藏

质地和硬度

石头的硬度，按照摩氏硬度从2–9皆有。作为工艺雕刻用石，按照硬度从小到大，大体可以分为印石、砚石、玉石、宝石等类别。其中，一般印石在2左右，砚石在3左右，玉石在5左右，宝石在6左右。作为自然观赏、不做工艺用材的观赏石，硬度要求在4左右，也就是介于砚石和玉石之间。当然，砚石，尤其是玉石也有作清赏的。

观赏石的摩氏硬度，一般都介于砚石和玉石之间。砚石中质、色、形、纹比较特别的，尤其是摩氏硬度比较高的（一般在3.5以上），如今也被开发成了观赏石。如当代观赏石大家庭中的松花石，历史上曾经是制砚良材，清代康、雍、乾三代帝王极为重视，在宫中大量制作松花砚。松花砚的加工制作一直延续至今。2007年，松花石砚雕刻技艺还被列入吉林省非物质文化遗产保护名录。所以，松花石（摩氏硬度4~4.5）是一种具有两栖身份的石头。这在当今观赏石中时有出现，如山东红丝石、淮南紫金石、湖南（江西）菊花石等，都曾是制砚之材，如今随着观赏石的大开发，有的质色形纹比较特别的独石原璞，尤其是摩氏硬度比较高的（一般在3.5以上），也被列名为观赏石。

硬度在砚石中的作用非常微妙，墨的硬度2.2~2.4。硬度低的发墨不下墨，硬度高的下墨不发墨。比如名砚端砚和歙砚，端砚硬度较软（2.9），所以发墨更好；歙砚硬度较硬（4），所以下墨更好。而从观赏石的角度来看，无疑歙石要比端石更值得收藏。

仿康熙松花石松纹砚
吉林省白山市中国松花石博物馆藏

玉石在古代一般都是作为加工的原料，所谓"玉不琢，不成器"。现如今则不然，只要有好的自然造型，或是美丽的纹理图案，或是特别的色彩（俏色），往往都会被当作造型石或是图纹石来赏玩，有点"大器免成"的意思。

不过，在古代，有的玉石也称作石，也被加工成各类器玩，比如牛油石。

我在查阅清宫造办处档案时，经常见到有"牛油石"所制各类器玩，但是，牛油石究竟是什么石种，不见任何记载，查无实据。2019年7月，故宫博物院数字文物库上线，共52558件/套文物，均为高清图照，不少为首次公开发表。其中，有一方"清·牛油石花插"，估计这是

思隐 松花石 宽：98 厘米 徐清宇藏

清宫原有的标签所写，仔细辨别其特征就会发现，所谓牛油石，应该就是阿富汗玉，大部分色泽近似于牛油，主要产自阿富汗和土耳其，是一种变质岩，又称碳酸盐质玉，由碳酸盐岩经区域变质作用或接触变质作用形成，主要由方解石和白云石组成，有的含有透闪石、透辉石、斜长石、石英等成分，常见夹杂有条带状纹理，属于一种低档彩色玉石——方解石玉，摩氏硬度5，产量很大。但在清代可能也是发现不久，运到中土更为不易。

根据测试，常见观赏石的摩氏硬度为太湖石3，大理石3，灵璧石3~3.5，盘江石4，都安石4，长江石5~7，戈壁石6~6.5，黄蜡石6~7，大化石6~7，九龙璧6~7。不过，同一石种也存在不同质地，其硬度会有差异。

观赏石应该具有一定的硬度。因为硬度越高，越不容易破损，也不容易做手。但并非硬度越高越好，所谓过犹不及。相对来说，硬度越高，状物象形的难度就越高。比如和田玉，硬度在6~6.5，作为独石籽料大多没有特别的造型结构，更遑论瘦、皱、漏、透了。

除硬度之外，还要关注密度。密度是对特定体积内的质量的度量，也就是玉石分子结构的致密度。同样硬度在6.5左右，和田玉密度很高2.95~3.17克/立方厘米，广西大化石（彩玉）密度在2.65~2.76克/立方厘米。相比之下，大化石比起和田玉更容易出形。也就是说，在同样硬度情况之下，密度越高，越难出形。玉与石的区别，除了硬度，密度也不可缺。相

清 牛油石花插 故宫博物院藏

对来说，按照观赏石的产出地方来分，水冲石密度最高。如果说，艺术品的价值不以材质好坏而定的话，那么，观赏石的材质佳良与否，既是判断其形成难度的一个因素，也是判断其价值高下的一个方面。从地质学的角度讲，硅质岩要好于碳酸岩，一般优质水冲石和风砺石多为硅质岩，山石类则多为碳酸岩。

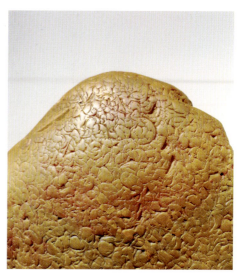

水冲黄蜡石表面的"指甲纹"

总体来说，观赏石形状的奇巧程度，往往是与质地的优劣相关。观赏石常见有碳酸岩和硅质岩两大类，两者矿物成分不同，硬度也完全不同。碳酸岩类硬度一般在3度左右，硅质岩类硬度在5度左右。如韧度较强的硅质岩（石英、蛋白石等）断裂面呈具有同心圆纹的规则曲面，状似蚌壳的壳面，又称贝状断口。很多密度较高的硅质岩（包括和田玉）表面风化发育有弧形或环状的"指甲纹"（又有"风化纹""金钱纹""鱼鳞纹""马蹄纹"等称谓），这是石表受到外力碰撞以及挤压作用形成的一种纹裂，也是石质坚致的一种表征。

观赏石与宝石、玉石既有区别，又有联系。前者注重天然性，后两者强调工艺性。宝石从广义概念来说，是指所有工艺美术的矿物原料，如欧美国家通常把中国的玉石、珍珠、珊瑚等都统称为宝石。狭义概念是指符合工艺要求的天然矿物单晶体。有的将硬度大于8的称为宝石，小于8的称为半宝石，要求不带杂色，具透明度。玉石则是指达到或具备工艺要求的所有矿物集合体（岩石），要求色调纯正，呈半透明状，硬度在4以上。所以观赏石与广义的宝石特别是玉石有交叉重复之处。如玉石中的玛瑙，在观赏石中也是比比皆是。如雨花石（蛋白石及玛瑙石）在单独清供赏玩时是观赏石，而加工成器玩时又变成了玉石。这种角色转换的现象，也反映出观赏石概念的外延正在不断扩大，至少在硬度上，观赏石已与玉石接轨了。目前，不少新命名的玉石（大多为硅质玉），多为赏石界所开发，如桂林鸡血玉、云南黄龙玉、新疆金丝玉、广东台山玉、内蒙古阿拉善玉、青海藏玉、广西来宾水玉（大湾玉）等。

关于玉石的特点，简单地说，就是质地温、润、坚、密、透五美皆俱者方可称为玉。具体地说，温是指玉色悦目，有美感；润是指玉体液足有油性，无干燥感；坚是指不受刀，唯上好瓷片方可划痕（宋代苏东坡称"必磁铓不入者乃真玉也"）；密是指质地细致紧密，有

龙王祈年 大化石 高：80厘米 王长河藏

沉重感，玉的比重要高于石（唐代贾公彦有"玉方寸重七两，石方寸重六两"之说）；透是指玉体局部打光，可见微透明或是半透明效果，有的不用打光也能显见透光效果。

关于玉的分类，西方学者有硬玉、软玉之说。硬玉就是指翡翠。所谓软玉，就是指和田玉，主要成分是透闪石。其实，在观赏石之中，也有一些玉化程度颇高的石头也含有透闪石成分。如广西大化石，有的含有透闪石，又称彩玉石。产自广西大化县岩滩附近红水河河床中，生成于2.6亿年前的古生界二叠系，属海相沉积硅质岩，原岩为火成岩与沉积岩之蚀变带硅质岩石，摩氏硬度约6度。有些硬度甚至在7~8度之间，质胜于玉，"宝气"十足，水洗度极佳，石肤光润细腻。有的具有瓷釉韵致，色彩艳丽古朴，层理变化有序。有的呈半透明状，以质、色取胜，堪称观赏石中玉化程度最高的品种。此外，如龙滩彩玉石、百色硅石、来宾水玉、唐河彩玉、罗甸彩石之中，甚至一小部分长江石中，也有透闪石成分。

更多的所谓玉化观赏石，其实成分都是二氧化硅（石英），俗称硅质玉。硅质玉中比较知名的玉石有玉髓、玛瑙、欧泊、木变石等。这里，硅化和玉化成了同义词。透闪玉的结构呈纤维状，而且温润度高，相对来说，硅质玉结构要粗脆一些，温润度欠佳，而且数量远远超过透闪玉。当然，虽然硅质玉整体来说密度、韧度、温润度稍逊，但比起透闪玉往往硬度更高，色彩更丰富鲜丽，视觉效果更佳。

值得指出的是，除了玛瑙、玉髓、欧泊等，还有许多石种之中，多有玉化程度颇高的石头，主要集中于水冲石、风砺石类。除了其本身先天所具备的硅质岩特质之外，外界后天如水流、风沙等自然界的淘汰激荡、去粗存精，居功至伟，所谓狂沙吹尽始到金。

观赏石质地的佳良，有时候也具有一定的经济价值，这与宝玉石有相似的地方。宝玉石的经济价值评定依据，一般是颜色的纯正度与质地的纯净度。作为宝玉石所利用的矿物、岩石，必须具备美观性、耐磨性、稀有性和时髦性。目前世界各国已利用200多种天然矿物和岩石来琢磨加工各种精美的工艺品。相对来说，玉石类质地（硅质玉）的观赏石更接近于宝玉石类，经济价值要高过一般质地的观赏石。

观赏石强调质地要有硬度，但并非硅（玉）化程度越高越好。一则是，观赏石毕竟有别于玉石，主要是以欣赏天然造型、画面为主，并不十分强调质地，质地玉化程度越好，往往意味着其造型方面会有一些欠缺。所谓鱼与熊掌，两者不能得兼。二则是，无论是造型石、图纹石还是色质石，不同的观赏特点决定了其不同的定位，质地再好也不过是锦上添花而已。

贵果 青海藏玉 宽：33厘米 徐文强藏

情网 黄龙玉 高：19厘米 刘涛藏

日本海红珊瑚"清供"　高：10厘米　枕石斋藏

皮壳与包浆

皮壳又称石肤、石皮，是指石体经过水体冲刷、浸润、氧化，或由土沁、风蚀、日晒等表生地质作用，在表面形成的皮壳或膜。

以天然岩石为主的观赏石，如果从地质学的角度讲，大致可以分为岩浆岩、沉积岩、变质岩三大类。从产出地方来分，可以分为山产石、水产石、风成石三大类。不同品类的观赏石，包括同一品类的不同石种，以及同一石种的不同石头，因为其产出的外界环境不同，其石表皮壳都有细微差别。

其中，山产石（如太湖石）称之为风化度，水冲石（如大化石）称之为水洗度，风砺石（如内蒙古戈壁石）称之为风砺度。其实，所谓风化度、水洗度、风砺度都是同一个意思，就是所谓的自然包浆。这也是判别观赏石（尤其是造型石）质地之优劣乃至收藏价值的一个重要参考指标。

灵璧珍珠石（局部） 癖石斋藏

一般来说，山产石以表层或是接近地表的石头风化度要好一些，如灵璧石有头皮石之说，就是指这层石头，有的露出地表，有的埋在浅土层，因长时间受雨水浸润，皮壳完好，质地油润，纹理清晰，容易盘出包浆。而越是埋于深土，皮壳就越是干涩，越难养出包浆。

水冲石的皮壳好坏，与水冲程度有关，并不一定与河水的深浅有关。如广西大化石，产于大化县岩滩红水河中，红水河水急漩涡多，河床坡度变化大，尤其是深水河床水流湍急（水深从三四十米到七八十米不等），其中所产的大化石水冲度最佳，不少石表甚至形成一层釉面，佳者称之为玻璃包浆，滑不留手，人为包浆根本无法盘上去。这种水洗度好的水石，既与其自然水流长时间的激荡程度（包括水流中的漩涡）有关，也和石头本身的质地佳良（硅质岩）有关。有的水冲石如广西摩尔石、贵州盘江石等，外界条件再好也难起包浆乃至釉面，这多是因为其非硅质岩（如砂岩），或者是含杂质较多的硅质岩。

风成石也是以戈壁大漠的表层石或是接近表层的石头为佳，至于戈壁土层深处的石头，

和璧隋珠 陈炉石 宽：42 厘米 倪国强藏

和田玉籽料　九天名玉藏

大多表面僵结粗粝无光泽，很难再盘养出包浆。如内蒙古戈壁石和新疆风砺石，表层石的石表经过了自然风沙上千万年的吹刮，已有很好的自然包浆，根本用不着人为再养包浆，这些石头往往是碧玉质、玉髓质、玛瑙质等硅质岩，典型如沙漠漆。

广西北丹石（水冲皮壳）　　　　　　　内蒙古沙漠漆（风砺皮壳）　王广藏

　　风化度、水洗度、风砺度，属于石头的自然包浆。包浆的本义与古老和旧气有关，原来是古玩行业的术语，意指古玩文物表面由于长时间盘玩而氧化形成的氧化层，这既与和空气接触后的氧化有关，更是因为人的长时间抚玩，故此它尤能体现出"石令人古"的意韵。事实上，凡是经过前人长期抚玩的旧石，人气和汗液会慢慢地积淀于石表，形成一层黝然有光的皮层，这种包浆可以说是一种古雅之征，不可轻易涤除。但按照包浆的成色来判别年代，很难有一个量化的尺度，因为从某种程度上讲，包浆与抚玩时间的长短有关，即使年代再久，如果缺乏长时间的抚玩（如园林置石），其包浆也是无法深厚的。更何况有的包浆可以人为"速成"。一般来说，做旧的包浆感觉会有点"脏"，表面缺乏光泽度，而且石表包浆均匀一致，包括那些人手很难触摸到的地方，不同于老包浆。其实，真正的古石，包浆往往并不一致，经常抚玩的地方包浆会浓郁一点，光泽度较强，有的沟壑深处包浆也无法覆盖。

　　石头的自然包浆，不同于人为包浆，两者貌合而神离。一般而言，人为包浆即使时间再悠久，也可以清洗干净，而自然包浆即使年代再短暂，也往往数以万年计，而且永远无法去除。自然包浆虽然往往没有那种古旧之气息，但如果不加明辨，也容易"走眼"。

　　观赏石自然包浆的有无和好坏，是判断山产石、水产石、风成石质地优劣、价值高低的重要指标，以至于有的石商用喷砂、抛光等手段，将自然包浆欠佳甚至没有自然包浆的石头

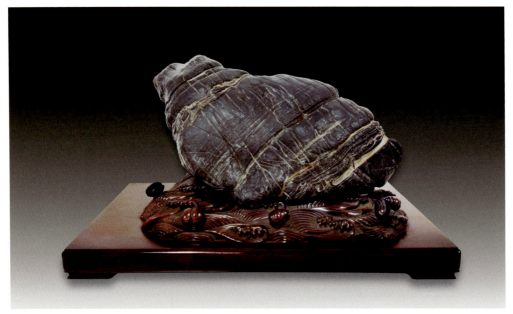

圣螺 灵璧石 宽：30厘米 王衍平藏

做上包浆，这种通过技术手段"速成"的包浆，往往贼光铮亮，但表皮没有毛孔，缺乏自然气息。石皮好比是人的肌肤，一般都有肉眼可以察觉或是难以细察的毛孔，当石皮过于紧致细密光滑几乎没有毛孔，如内蒙古戈壁沙漠漆和广西红水河优质水冲石等，都是经过了亿万年的风砺水洗，就像是经过了人为抛光一样，即使再怎么人为地抚摸把玩，也难以再上包浆。只有当质地过犹不及程度的石皮，才能盘出包浆的最佳效果。需要指出的是，

无论是矿物晶体还是化石，都不把包浆作为玩赏之要务。有的石头，还不宜直接上手养包浆，如许多图纹石（如长江石、潦河石、大理石、草花石等）都不玩包浆，因为包浆玩的是旧气，加速氧化以后石皮往往会变深变黑，而图纹石大多玩的是画面清晰明丽，反差强烈，更强调原生态。

金蟾万贯 内蒙古沙漠漆 宽：20厘米 王国俊藏

至于新采集到的石头（特别是山石），火燥气较大，如果要在短

三幽洞 灵璧古石 始北山房藏

时期内达到旧石的观赏效果，可以适当上一些油蜡（油蜡以无色无味的为好，包括凡士林、婴儿润肤油、按摩油等），用粗棉布、棕毛刷或是兽皮之类软质材料反复擦摩。有的表皮较粗的图纹石（如长江图纹石），宜用蛋清来养石，可以在石表形成一层透明的保护薄膜，近似于石头沾染湿水（如同雨花石水养）的效果，使得石头的色彩和对比度进一步加深。此外，经常用浓茶水浇洗观赏石，也可以增加养石效果。一般来说，奇石质地越是坚致细腻，养石效果也就越好。日本水石养护更是别具一格，通常在室外安装棚架，架上置放水石

灵璧古石"锁云"（局部）米万钟款　周易杉藏

及盆，每天浇洒一些水，任凭风雨洗礼，多年以后自然形成的石皮视为至奉。水石还有"保水"之说，即一方质地好的观赏石，洒水后应能长时间保持湿润的色彩与趣味。

日本神居古潭石　高：12厘米　葛星藏

虎虎生威 长江石 宽：22 厘米 枕石斋藏

劲健 陈炉石 高：36厘米 倪国强藏

玉狻猊　内蒙古戈壁玛瑙　高：26厘米　郦申全藏

切底与打磨

观赏石有原石和加工石之别，就像和田玉中的籽料和山料之分。原石又称独石，是指独立成块没有人工痕迹的石头。一般脱离母岩起码数千年，石头表面因久经地气侵蚀和风吹雨淋，形成一层风化皮层，称之为石皮。石皮的完整与否，是判断该石是否原石的主要标志，有的石皮容易起包浆的，更为玩石者所重。图纹原石也讲究形状（俗称石品，即石头的品相），一般以规则端圆为佳。石体表面一般不宜有裂缝、蜜眼之类的瑕疵。

加工石之中，造型石和图纹石的表现形式不同。造型石一般是不允许加工的，但切底石则是一个例外。切底石，也称切割石，大多是从山岩上切割下来的，是山石的局部。这种做法古已有之，传承至今的一些古石就有这种情况，其应该源自山石盆景的置式，如今山石盆景界仍有此类做法。典型的如九龙璧切底山。这类石头尽管经过人为加工处理，但只有一个加工面，而且加工面都不作为观赏面而置于底部，这样从观赏角度上说同原石并无不同，只是从收藏价值上讲要逊色一些，可称为准自然石。图纹切割石（如大理石）原则上属于平面欣赏，大多需要经过切磨加工等过程，隐现于石之肌理的纹理应该与石表平整一致，有的凸现或是凹现于石之肌表的纹理，这里应特别注意是否为人工刻意磨琢（点磨）而成的。

山石盆景常见为切底石所制（苏州拙政园太湖石盆景）

其实，图纹石对于外形的要求是非常高的。像大理石一类的平面切割图纹石，除了要求表面平整光洁之外，其外形轮廓也要求最好是或方、或圆、或扇形、或规矩，符合国画欣赏的原理。因为其装置形式就是完全取法于绘画的框架样式，所以其裁切样式也是取法于绘画，强调平面二维的观赏特点。

古紫檀镶大理石大座屏（局部）（北京保利拍品）

狮子林　九龙璧切底　宽：14 厘米　枕石斋藏

　　所谓切割石，也就是将岩石或是原石经过加工切割或是打磨处理，将其图纹更加清晰地显露出来。这其中也可以分为两类。一类是模仿原石的卵石类造型，也就是将原石经过减肥处理，大体保持原石的立体造型，如青海七彩石、黄河梅花石、湖北菊花石等；一类是模仿图画的样式，将原石切割加工出几何形状或者不规则的平面造型，如云南大理石、广西草花石等。

　　图纹石主要聚焦的是其图纹。原石图纹形成难度最大，特别是在表现类似主题图纹画面的情况下，其价值要远高于经过加工处理的准自然石。准自然石虽然其图纹也是天然的，但并不能排斥是人为刻意加工处理、有人为作用的成分因素。比如说，原来的图纹像一枝梅花，但枝干有点乱，如果经过减肥打磨处理之后，乱枝往往可以修减去掉，使得画面更加动人。包括平面造型的图纹石，虽然图案也是真实的，但不能排除其已经将冗余部分切割掉了，也无法判断这已是经过人为反复打磨刻意追求的最佳效果。从这个意义上讲，图纹石加工处理程度越深，就越要减分。

　　需要强调的是，准自然图纹石之中，图纹应该与石表平整一致，有的凸现或是凹现于石之肌表的纹理，往往是人工刻意磨琢（点磨）而成的，这在明清大理石屏上时有所见，因为已经超过了基本加工处理的底线，只能视其为工艺石。

神鹰　巴西玉髓　高：5.8 厘米　李尚文藏

秋山云起 四川雅安大理石插屏 高：50厘米 倪国强藏

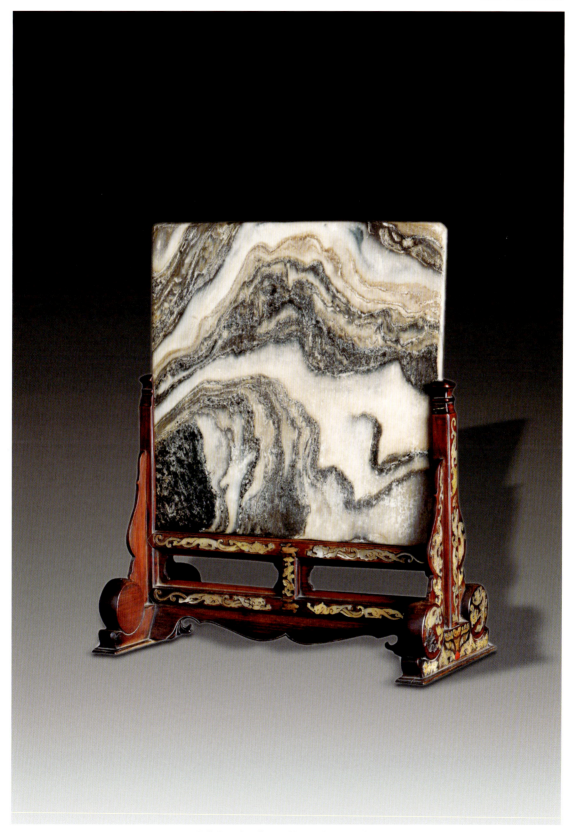

古黄花梨嵌百宝云石插屏　中国嘉德拍品

觅石

◎ 石之资源

◎ 太湖石

◎ 灵璧石

◎ 英石

◎ 昆石

◎ 宣石

◎ 淄博文石

◎ 崂山绿石

◎ 陈炉石

◎ 黄蜡石

◎ 九龙璧

◎ 大化石

◎ 彩陶石

◎ 摩尔石

◎ 来宾石

◎ 孔雀石

◎ 北丹石

◎ 大湾石

◎ 盘江石

◎ 乌江石

◎ 内蒙古戈壁石

◎ 新疆风凌石

◎ 大理石

◎ 雨花石

◎ 长江石

◎ 黄河石

◎ 草花石

◎ 潦河石

◎ 松花石

◎ 硅化木

觅

石

石之资源

　　每位赏石爱好者与石结缘，都有故事。我的玩石缘起，源自雨花石。那是1989年五一节过后，原单位派我去南京出差。周日抽暇去夫子庙游玩。当时在夫子庙大殿有个雨花石展，汇集了诸多金陵藏家的雨花石珍品。看着那盆碗中展示的五彩斑斓、画意盎然的雨花石，品玩那充满诗情画意的题铭，我第一次发现雨花石竟然有那么美，完全颠覆了自己对雨花石的观念。由于以往所见的雨花石，大都是机器抛光以后的工艺品，所以基本谈不上有什么画意，即使是未曾抛光的原石，大都也是不堪入眼的粗石（当地称玛瑙质为细石），主要用来养水仙花。

　　记得当时一激动，在清凉山公园、明孝陵等处雨花石摊点购买了若干枚水石，加起来共有百元。这差不多花去了我当时的半个月工资。与此可以比较的是，当时在夫子庙雨花石摊点，精品雨花石叫价往往就要一二百元。不过，这些年尽管艺术品等都增值了不少，但雨花石总体的涨价幅度不大，当然精品除外。与此相

南京清凉山公园周末雨花石早市

对应的是，这两年灵璧纹石一骑绝尘，在林林总总观赏石投资的回报率中，表现极佳，令人咋舌。前不久，一方灵璧纹石精品"云雾山中"，在蚌埠成交价66万元。这方灵璧景观石，全身满纹，洞壑纵横，自然稳底，形成难度很大。原藏家1998年在灵璧石产地宿州渔沟镇购

买价为400元。算下来，二十三年的投资回报率超过千倍，完全可以媲美主流书画收藏了。不过这只是这些年"疯狂的石头"故事中的一个侧影。

观赏石品种林林总总，各有特点。赏石爱好者五湖四海，各有所爱。如果说，艺术是相通的话，那么，很多石种也有相通或者互鉴之处。比如"四大名石"之中，虽然造型结构有相似之处，但是，太湖石的涩，灵璧石的润，英石的皱，昆石的透，就是各有特点，不可取代。只有了解和掌握各大石种的自然禀赋、形成难度、观赏特点等，才能见多识广，由浅入深，成为赏石的行家里手。

根据中国观赏石协会组织编撰的《中国石谱·中国观赏石资源分布》统计，按照造型石类、图纹石类、矿物晶体类、古生物化石类、特种石类这五大类型的划分原则，截至2015年，全国共有观赏石品种近千种，包括岩石类691种、矿物晶体类140种、化石类133种。其中，岩石类观赏石主要包含造型石和图纹石。此外，矿物晶体类（如孔雀石）、化石类（如硅化木）中也有一些历史上就传承了岩石类观赏石

云雾山中　灵璧纹石　顾建华藏

的玩法。但是经常在市场上出现并有众多拥趸者和代表性藏品的主打石种，也不过二三十种。这些主打石种，大致都具备了这样几个条件：一是具有一定的资源量，无论是存量（已入藏）还是增量（未开采），而且资源开发具有可持续性；二是具有相当数量优秀的代表性精品，或者说精品概率较高；三是具有相当数量的全国性的收藏群体，而非区域性的，包括其中有一些代表性的藏石家；四是具有一定的人文艺术积淀，在观赏石的收藏鉴赏、传承创新方面有着重要的地位或者是独特的贡献。也就是说，它在质、色、形、纹等自然要素以及人文传承等方面所具有的独特性和作用，足以深刻影响或改变观赏石爱好者的视野和取向。这其中也包括古代已开发的石种（如"四大名石"）。

下面，选择国内出产的二十多种观赏石主打石种做一介绍。

赏石品种
太湖石

太湖石，俗称湖石，因产于太湖而得名，主产于环绕太湖的苏州洞庭西山，还有宜兴以及浙江长兴一带，亦称洞庭石，其中以鼋山和禹期山的最为出名。属四、五亿年前寒武纪和奥陶纪的石灰岩，多为灰色、白色，少见黑色。石坚而脆，纹理纵横，石面遍多坳坎，有的窝洞相套，玲珑剔透。太湖石以造型取胜，具瘦、皱、漏、透之态，多玲珑剔透、重峦叠嶂之姿，是传统园林造景中不可缺少的材料。

太湖石按分布在长江南北，分为南太湖石和北太湖石；按是否产于水中或陆地分为水石和旱石。狭义概念的太湖石仅指江苏太湖所产（俗称"本太"），广义概念的太湖石，即由岩溶作用形成的石灰岩，如南京龙潭、青龙山、汤山，镇江句容，安徽巢湖，山东费县、临朐，河南淅川，广西柳城，贵州兴义等地均有大量产出。南太湖石大多性坚而润，石面纹理纵横；而北太湖石则雄浑有力，粗犷简洁。

太湖遗韵 太湖石 高：140厘米 齐保相藏

太湖石多见大中型，表皮较粗涩，不宜玩包浆。近年来在越南等东南亚国家也陆续开发出了太湖石，其中有小微品。

灵璧石

灵璧石主要产自安徽灵璧渔沟和九鼎两地。那里有六七十余峰，产石二十余类，近百品种，其中以磬石、纹石、白灵璧、皖螺等为最佳。

灵璧石主要由滨——浅海相与泻湖相的碳酸盐岩组成，距今约有7亿年的历史。矿物成分以方解石为主，并含有多种金属矿物，致密坚硬，硬度系数多在4度左右。灵璧石的肌肤光华温润，犹如凝脂。其表现形式往往巉岩嶙峋、沟壑交错，粗犷雄浑、气韵苍古。石色以黑、褐黄、灰为主，也有白色、暗红、五彩诸色。有的黑质白章，或间有细白纹或黄纹，或杂色如块状纹隐嵌于石面。一般以黝黑如漆者为佳。

灵璧石以其瘦、漏、透、皱、黑、声、秀、悬皆备而闻名。灵璧磬石击叩时铿然有声，故有"玉振金声"之美誉，主要以山形景观和瘦、皱、透、漏的造型为佳。纹石石表常有错综的纹理和形象，常见有龟纹、胡桃纹、蝴蝶纹、蜜枣纹、螺旋纹、鸡爪纹、树皮纹、丝浅纹、绳纹等，清晰自然，曲折多变，颇为少见。灵璧石是古典赏石中质地和皮壳最佳者，皮壳朗润，易出包浆，宋元以来被视为供石之首选。

英石

英石，又称英德石，因产自广东英州（现为英德市）而得名。产地在今英德市望埠镇一带的山中。英石有黑色、青灰色、灰白色、霞灰红数种，以青灰色、灰

灵供 灵璧石 高：24 厘米 许勇藏

白色者为多，有的黑色石上会现出斑驳的白色条纹和斑块。质地坚硬，击之有悦耳铜声。

英石属于石灰岩，由于常年日晒雨淋、骤冷骤热、长期风化，因而外表锋棱突兀，凹凸嵯峨，形状雄奇，色相苍古，或雄奇险峻，或嶙峋陡峭，或玲珑宛转，或驳接层叠。英石分为阳石、阴石两大类：阳石露于地，阴石藏于土。阳石按表面形态分为直纹石、斜纹石、叠石等。阴石玉润通透，阳石皱瘦漏透，各有特色。英石大块者可作园林假山的构材。

英石在南宋以来与灵璧石并称"双璧"，是传统供石中主要品种，其皱瘦特征颇具风骨，被视为"文人石"之代表。

皱云 英石 高：88 厘米 顺德宋潮英石艺术馆藏

与英石颇为相似的还有广西英石，产于广西柳州忻城县，有的声音铿锵清越，叩之八音俱全，肌肤嶙峋，纹理斑驳，但石表少见白色斑纹。

昆石

昆石，又称昆山石、玲珑石，因产于江苏昆山市的玉峰山而得名。其晶莹洁白、玲珑剔透、峰峦巅空、千姿百态，历来被称誉为玲珑石或巧石。近年来在福建龙岩、浙江余杭等地也有产出。

昆石是白云岩因长期受其上层石灰岩中的碳酸钙及碳酸镁的渗蚀而形成的，故时常可以看到后期硅质溶液沿白云岩裂隙或空洞灌入形成的水晶晶簇，似雪花点缀，晶莹可爱，瑰丽奇异。生长年代为距今5亿年前的寒武纪。由于常年受雨水的酸性渗透、地下水的酸化及受其上层石灰岩的钙化侵蚀，使其表面的纹理跌宕起伏、凹凸褶皱、沟壑纵深，并产生嵌空灵

冬雪巨昆 昆石 高：169 厘米 黄建荣藏

透之洞穴。昆石的品种按其结晶形状有鸡骨峰、胡桃峰、雪花峰、杨梅峰、海蜇峰、荔枝峰等。色彩以莹白为贵，青白次之，土黄为劣。

昆石毛坯外部有红山泥包裹，须用一定浓度的草酸洗去石上的黄渍，才能成为洁白如雪、晶莹似玉的观赏石精品，大材尤其难得。

昆石其实是属于一种发育不完全的矿物晶体，而且往往需要加工修型，不宜养包浆，容易藏垢蒙尘，最好放在封闭环境中展藏。

宣石

宣石主要产于安徽宣城宁国南部山区，因属于宣城地区而得名。这里也是天目山的余脉。宣石是一种显晶质石英岩，常见块状白色石英颗粒结晶，折光后闪闪透亮。按其肌理色彩特点分为马牙宣、灯草宣、米粒宣、水墨宣等品种。以白、黄、黑三色最为多见。其中以白为贵，杂以锈黄、灰黑色，古代常用作堆叠假山、盆景点缀和文房清供。

宣石以山景见长，其肌理如灯草、马牙等，如同山水画中的皴法，十分奇特，尤其是冰雪质感和肌理，兼之以独特的皴理和黄黑俏色，十分高冷而又矜持，令人如临其境，顿生寒意。

近年来在辽宁本溪还发现一种奇石，因其结构特征类似宣石，俗称"北宣"。本溪石也是显晶质石英岩，以粉白色多见，颗粒粗大，常镶嵌以青绿色云母片，造型多为薄片状，色彩肌理有别于宁国宣石。

冰肌玉骨　宣石　高：90 厘米　青龙湾宣石博物馆藏

宣石在明清两代就有开发，但是由于晚清以来当地战乱等原因一度绝迹，传世古石亦不多见。

冠群峰　淄博文石　高：90 厘米　咎新国藏

淄博文石

淄博文石是古青州石之中的一脉。属于石灰岩，色泽灰黑、褐黄，间有白筋，叩之有声。大都深埋于酸性红土之中，经地下水长期溶蚀，形成沟壑孔洞等形态，尤其以凹凸多变的皴理知名，其造型结构和肌理特点有的与灵璧、英石颇为相似。

淄博文石纹理变化多端，肌理饱满，凹凸有致，有的点划交错，有的弯曲有致，其皱纹按其形态特征有斧劈纹、荷叶纹、核桃纹、龟背纹、卷云纹、流水纹、蜂窝纹、折带纹、裙带纹、梯田纹、蛇皮纹、芝麻纹等，美不胜收。石质坚硬，叩之有声，当地人常以"色黑、纹多、形异、有声"为标准择石。

淄博文石虽然开发较早，但其名称还是在21世纪80年代以后叫开的，尤其是文（通纹）石之称，后无来者，别具意味，现在已列入淄博市非物质文化遗产名录。

崂山绿石

崂山绿石产于青岛崂山东麓仰口湾畔，因佳者多产于海滨潮间带，故又称为海底玉。色彩静穆古雅，质地晶莹缜密。其主要矿物成分为镁铁硅盐。根据其产出形态，主要可分为两种，即以翠面为主要特征的"板子石"图纹石，以石、翠混杂在一起纠结成块的"镶嵌石"类造型石。

崂山绿石以绿色而著称，如黛玉，似墨兰，像沧海，深沉静谧。图纹石的精华所在，是附着在板面上的一层翠绿色的结晶体，俗称"翠面"。翠面晶莹光润，丝绢般的色泽变化不定，类似浅浮雕的风格。造型石的特征是"翠"成束状、缕状，弯曲纠结

孤峭壁立 清代崂山绿石 高：31 厘米 拨云轩藏

在许多小块绿石之间，挤压成块，其晶莹度稍逊于图纹石，硬度也稍软，但色彩更丰富多变，绿色中掺杂着黄、白、赭、红。

崂山绿石至少在明清时期就有开发，清代书画家高凤翰尤其喜好藏玩，有西方人称其为"高凤翰石"。崂山绿石以板状、块状多见，线条硬朗，带有阳刚之气。

陈炉石

陈炉石产于陕西铜川陈炉镇附近的山坡沟地之中，形成于数亿年前，为隐晶质石灰岩，质坚而润，色泽青黑。主要有磬玉石、造型石和图纹（浮雕）石三类。磬玉石又称富平墨玉，产于富平以北铜川山脉，质如墨玉，叩之有声，古代广泛用作碑材和磬材。早在唐代，陈炉石产地属于华原县辖，其中的磬玉石时称华原石（磬）。时至今日，当地陈炉石仍然还有石磬之开发利用。

鱼乐图 陈炉石对石 宽：35 厘米 李小宝藏

造型石玲珑多孔，皱褶深密，间有白色石英筋脉贯穿其中，颇似灵璧石。而图纹（浮雕）石最为出彩，其中有的与灵璧

珍珠石有几分相似，但其较之变化更多，气息更高古，气氛更神秘。表面颇多高浅浮雕图案。陈炉石中的图纹（浮雕）石，既有具象图案，但更多是似与不似的意象画面，从线刻到浅浮雕，再到深浮雕，宛如出土文物，让人联想到商周青铜器上的饕餮纹、汉代画像石（砖）上的浮雕纹饰等，叩之声音如磬。

陈炉石是近年来开发的石种，往往是形中有纹，纹外有形，纹理凸现，神秘莫测，具有一种诡异之美。

黄蜡石

黄蜡石因其表面呈现蜡油状黄色釉彩而得名。主要产于我国的云南、福建、江西、湖南、浙江、台湾等地。主要成分是由石英砂岩、火成岩、石英岩等多种矿物及二氧化硅组成，属矽化安岩或砂岩。其硬度在6.5~7.5度之间。表面光亮洁润、透明性强，色如黄玉，质如凝脂，纹理柔和。

寿桃 黄蜡石 宽：15厘米 李志江藏

由于含有不同种类、不同比例的其他矿物质，蜡石总体可分为黄、红、白、黑四大类，还有冻石、五彩石等。其中黄蜡石最为多见，又有金黄、橙黄、鸡油黄、淡黄等之分，以金黄色为贵。根据质地的透明程度和表面光洁油润程度，可以分为冻蜡、胶蜡、晶蜡和细蜡，上品为玉脂光泽。纹理一般分为两大类，一类为呈浮雕状纹理图案，另一类为呈色彩纹理图案。常见肌理有晶体状、网状、猪肉状、珠滴状、荷叶状、流水状等。

黄蜡石以云南保山，广东潮汕、台山，广西贺州，浙江金华、江西鹰潭等地所产质地为佳。云南省保山市龙陵县所产之质地细腻、温润通透、能雕琢成器者称作黄龙玉。

观音 九龙璧 高：35厘米 得云轩藏

九龙璧

九龙璧，又称华安玉，古称茶烘石、梅花石，分布在福建漳州九龙江流域的华安县、漳平市、南靖县和长泰县等地，水旱皆产。原系古生代二叠纪的海相沉积岩，经中生代侏罗纪陆相火山喷发变质而呈条带状钙硅质角岩，硬度达7度。九龙璧坚致如玉，形态变幻奇崛，跌宕多姿，形神兼备，富有沧桑感。色彩斑斓，纹理清晰，多呈现紫红色、淡黄色、黑色、翠绿色及墨绿色条带状弯曲结构纹理。

九龙璧造型以人头和山头见长。尤其是人物头像，往往会出现五官细节，比例协调。山形石的造型、肌理等非常接近大自然，又以切底石较为多见，能体现山形所特有的峰、峦、丘、壑等要素。九龙璧肌理丰富、极富表现力，常见有中国山水画的"皴法"肌理。另外，立体的有平行纹、水波纹、米粒皱、云纹等，平面的有雪花纹、梅花纹、景观纹、字画纹等，其纹样明显清晰，绚丽多姿。

九龙璧亦石亦玉，宜材宜赏，是漳州市市石。尤其是山形切底石独具特点，是景观石中的另类。

大化石

大化石，又名岩滩石、彩玉石，产自广西大化县岩滩附近红水河的深水河床中。其原岩是约2.6亿年前古生界二叠系的海相沉积硅质岩，含有透闪石成分，摩氏硬度约5~7度。其色彩除原岩组成矿物的原生色外，还有在河床中经历千万年的流水中矿物元素、离子致色的结果，俗称为"水镀"。

大化石色调以红、黄为主，纹样较为丰富，有点状、线状、草花状等。石质致密细腻，石肤光洁润滑，富有光泽。其层理变化有序，色韵自然，纹理清晰且具有韵味。有的还具有瓷韵，其表面釉质纹理如哥窑碎瓷，高雅隽永。大化石质胜于玉，艳丽富贵，"宝气"

关公 大化石 高：130厘米 洛阳听石馆藏

仙台叠翠 彩陶石 宽：33厘米 李秀伟藏

十足，水洗度极佳，其石质之玉化程度堪称石中之翘楚。造型多见嵩岳云岗之景或璋台仙境之貌，有的具有浮雕式的图案，象形较为少见。

彩陶石

彩陶石，又称马安石，产于广西合山市合里乡马安村红水河十五滩。因石表有一层美丽的釉面近似唐三彩而得名。并有彩釉和彩陶之分，石肌似瓷器釉面称彩釉石，无釉似陶面者称彩陶石。石表往往有冰裂状纹理，明亮光润，坚韧细腻，造型以多边的几何形体居多，难见奇峰异谷或象形景物。

彩陶石以硅质粉砂岩或硅质凝灰岩为主，部分含绿色绿泥石，另因有铁、锰质的影响，使有的石表呈褐色、褐红色、褐黄色，硬度达6度。同时，它们还有纯色石与鸳鸯石之分，鸳鸯石是指双色石，三色以上者又称多色鸳鸯石，鸳鸯石以下部墨黑、上部翠绿为贵。色分翠绿、墨黑、橙红、棕黄、灰绿、棕褐等色。尤其是绿玉石，色调沉静优雅，纯净无瑕，石肤似釉生光，故有绿釉石之美誉。

另有产于红水河马滩的葫芦石，又称福禄石，其质色纹韵与彩陶石极为相似，只是其形态上往往有一道道勒槽。

摩尔石

摩尔石产于广西大化县岩滩。原岩是致密块状的砂岩，因成岩后受火山喷发作用的影响，经接触变质，块体较大，弧形弯曲部位保存完好。摩尔石大多色彩单调，以青灰色为主，有的为古铜色，但造型变化奇特，形成难度大，往往简单得只有几条曲线和几个块面，其主题样式带有某种不确定性，更接近于现代抽象雕塑作

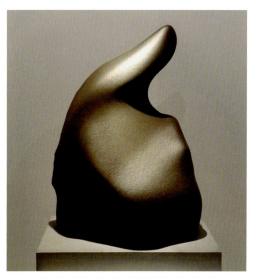

赞 广西摩尔石 高：80厘米 黄云波藏

凤凰　来宾卷纹石　高：59 厘米　赖国焕藏

品，有的可以说是摩尔雕塑的翻版，具有一种超现实的艺术的感染力。

类似摩尔石的还有马安摩尔石，又称素陶石，属于彩陶石的一类，产于广西合山市红水河流域。为凝灰质砂岩，色彩呈咖啡色，一般体量较大，石形多为板状，接触河床的一面相当平整，被流水冲刷的另一面则呈浮雕水浪痕，水浪边线较为清晰锐利，极具现代雕塑感。

来宾石

来宾石主要产自广西红水河来宾河段，包括忻城、合山、兴宾、象州、武宣五个县（市）区。原岩以硅质凝灰岩为主，内含有燧石、灰岩，硬度约6度。这里河床狭窄，弯多滩险，水位落差大，流急砂多，岩石砾块经过不断搬运滚撞，质地坚滑，肌理饱满，甚至有起釉面。造型有的峰谷沟壑，有的象形状物，千姿百态，尤多具有雕塑意味的造型石。色彩多见黑、黄、青灰为主色调，纹彩丰富，纹理多变，凹凸有致。其主要品种有黑珍珠、卷纹石、石胆石等。

其中，黑珍珠黝黑如漆，表面细润光洁，深沉古朴，形态富于变化。卷纹石色彩斑斓，有灰、绿、黄、黄褐、古铜、黑等多种色泽，形态奇特，石皮光润，表层的卷状纹理，有粗有细，凹凸分明，变化多端，极显沧桑感和韵律美。石胆石质坚滑润，色调有枣红色、古铜色、黑灰色、青灰色等，形状有单体和多个联体，通体圆滑无棱，单体者多呈扁圆或球状，联体者则自然组合，形成不同的物象。

妙风　北丹石　宽：60 厘米　徐清宇藏

北丹石

北丹石，产于广西红水河来宾忻城县果遂镇北丹村附近的河段。这里暗流湍急，礁石林立。北丹石硬度约6度，质坚细腻，皮滑肌细，线条流畅，孔洞奇特，变化多端，本色为灰白色，表面因水锈，呈赭、褐、米黄、象牙白等色。内敛柔和，既有太湖石的瘦透结构，又有水冲石硬朗圆润的质感，石肤如同绸缎一样细腻润滑。北丹石造型极富变化，既有古朴顽拙的传统韵味，又极富现代之雕塑感。或夸张变形，或精巧雅致，以古典赏石的漏透结构最为多见，少见具象。其似与不似，狂放而不张扬，含蓄而不低沉，是红水河流域水冲石中最为晚出的主要品种。

大湾石

大湾石，又称桥拱石，产自广西来宾大湾乡及桥拱镇的红水河段。这里的河流形成了一个倒U字形，从上流水冲搬运来的石体经过长时间的流水冲刷，使得石质特别好。石种多为大化石、马安石、来宾石等，有的玉化程度很高，又称大湾玉或来宾水玉。

大湾石多为小品石，石质细滑，石肤润泽，水洗度颇佳，有的石表釉面艳丽，以纯正老气的棕黄色最具代表性。色纹丰富，分红、青、黄、白、紫、黑诸色，依照其石表起棱与否分为平纹与凸纹两类。磨圆度甚佳，也有许多呈不规则形状，画面具有油画、国画之类的表现效果，尤其是颇多水草、碎瓷、流水纹等特色纹彩。形态则千姿百态，有的象形状物，有的如珠似玉。

戏猴 大湾石 高：12厘米 陈善良藏

与大湾石相似的还有邕江石，产于南宁市内邕江古河床中。属硅质岩，有的为玛瑙、玉髓性质，石质比一般卵石坚硬且光滑，以古铜色为主，富有古气。硬度在5~8度之间，包括不少化石类，小巧精致，石色古朴，石皮细腻，变化莫测。

另有一种右江石，产自广西百色右江中游的平果、田东一带，种类繁多，尤以红线石、青釉石、卷纹石、硅玉、古铜石、玛瑙花石等为代表，品质优良，造型精巧，色彩绮丽，质

龙之初　盘江石　宽：22厘米　孙瀑恩藏

金石为开　乌江石　宽：40厘米　庄伟才藏

乌江石

乌江石，产于贵州思南县至沿河县乌江河段，主要集中于德江县上下游的河滩。属硅质变质岩，硬度达6~7度，细腻光润，水洗度颇佳。其纹理简洁圆顺、柔和流畅，纹样多见点状、流水样线，构成清纯的画面意境。色彩内敛，清丽沉静，主要有青、黄、白三种基本色调，以青色最为多见，深沉内敛。

乌江石以卵石造型多见。造型石或磨圆度好，或外形奇特，意趣天成。但颜色较单一，多呈灰色、黑色、黄色、青绿色。图纹石多见黑黄凸纹，俏色分明，形象天然，惟妙惟肖。

地坚滑，线条曼妙，还有起釉面者。

盘江石

盘江石，产于贵州省黔西南州兴义与安顺相接一带的南、北盘江及其支流河床中。盘江石为三叠纪早中期的碳酸盐岩、粉砂岩以及二叠纪晚期的硅质岩、沉凝灰岩、凝灰质硅质粉砂岩及硅质团块灰岩、灰云岩，以造型石为主，形态奇绝，颜色多为浅灰、深灰、棕、黑等，古朴凝重。南盘江常见水墨石、砍纹石、生物礁石，北盘江则产出造型石及少量纹理石，水洗度不高。

盘江石硬度在4度左右，但其色厚重，块面突出，石肌饱满，以形取胜，极富雕塑感。砂页岩石分粗砂石与细砂石，粗砂石表皮粗糙，细砂石表皮细腻，水洗度较好，造型丰富。景观类峰峦重叠，常见有白色方解石或石英晶脉贯穿其间，若水成瀑，意境深邃，独具特色；象形类则多见人兽仙僧，意象为主。

内蒙古戈壁石

戈壁石，又称风砺石、风棱石，主要产自内蒙古的大漠戈壁，其中又以阿拉善右旗、额济纳旗等地所产品种质地最佳，在风沙和戈壁气候的作用下，历经亿万年的洗练，其质地坚硬细密，光滑圆润，有鲜明的通透感。表象几乎七色皆备，并兼有各种复色。内蒙古戈壁石大多是2~8亿年前火山喷发后的硅质岩，玉质感强，其质地分别为玉髓、玛瑙、石英、碧玉、蛋白石等，变幻莫测，其中又以沙漠漆和葡萄玛瑙为贵。

神仙鱼 内蒙古戈壁石 宽：10厘米 王卫强藏

沙漠漆，是戈壁石表面形成的一层类似"亮漆"的石皮，因多产自沙漠、荒漠、岩漠地区而得名。质地朗润，皮壳厚重，色彩艳丽，造型多变，肌理丰富，常见黄、白、黑、褐色，以金黄色为贵。

葡萄玛瑙，通体布满色彩斑斓、大小不一的珠状小球，如串串葡萄，圆润亮丽。一般都是片块状，颜色由浅红至深紫等，以完整、珠大、质透、色纯、皮润、体大为好。

新疆风凌石

风凌石，又称大漠石，是指生成、分布在新疆戈壁荒漠中的奇石，包括木化石、风砺石、玛瑙、彩玉、泥石、火山岩等品种。主要出产地是新疆的哈密和鄯善。原岩多为距今8亿年前的震旦纪灰岩、硅质岩、硅质灰岩、硅质泥砂岩等，硬度4~7度。其造型变化比较大，其中玉质风砺石质地坚、润、透，泛油脂或蜡面光泽。

天壶 新疆风砺石 宽：12厘米 枕石斋藏

玛瑙石主要分布于哈密、吐鲁番等地的三塘湖、牛圈湖、淖毛湖和沙尔湖戈壁，其颜色、成分比较单一，表面光滑，质地细腻。大漠石以单色为主，常见有白色、灰色、棕色、黄色、绿色、黑色，造型多见景观和象形。彩玉出产于鄯善县南戈壁，石质为石英岩，颜色以红、白为主，也见黄色、绿色。泥石又称羊肝石、古陶石，是由咖啡色、棕红色、黑色、黄褐色等单色泥质岩构成。质地细腻纯净，常见有细长而弯曲纹理的流水线槽，形成独特的肌理。蛋白石为不规则球状的块状集合体，有白色和雪青色两种，呈半透明状，似白玉一般。土谷玉以硅质岩为主，多为黄褐色，皱褶深密，具有古典赏石韵味。

大理石

大理石，又称云石，因产于云南大理的苍山而得名。本色为白色（汉白玉），因矿物质的渗透晕染而成五彩缤纷的色纹，岩石经过剖切打磨，往往构成山水、人物、禽兽之类图案，尤以山水题材最为多见。

大理石一般分为三类：汉白玉、云灰石和彩花石。作为观赏的主要是指彩花石，依其纹理色调不同又分为绿花、秋花、水墨花等数种。绿花又称春花，呈翡翠、青黛等色；秋花又称杂花，呈橙黄、赭褐、赤色、五彩花纹；水墨花号称"大理石之王"，墨分五色，酷似水墨国画，且有明显的米点笔触，具有中国画的勾皴点染、浓淡干湿、飞白泼墨等表现手法，极富审美情趣。

孔子 大理石 高：44厘米 大理石空国石博物馆藏

大理石的画意开掘始于元明时期，清代进入全盛时期，"三朝元老"阮元称之为"石画"，编有《石画记》，影响极为深远。

大理石除了山产之外，还有水产，即"河底石"，其丰富的色彩和绚丽的画面与西方的油画相似，明显有别于传统大理石。

四川雅安地区宝兴县一带的山中，也富藏大理石矿，常见有青、白、灰色，偶见粉红、褐绿色，俏色成景，颇具画意。

墨菊斗霜 雨花石 高：6 厘米 征争藏

雨花石

雨花石因产于南京雨花台而得名。主要精品出在江苏仪征、六合一带的丘陵砂矿中，特别是六合区灵岩山玛瑙涧。雨花石在历史上又称六合石、灵岩石。雨花石的质地有玛瑙、水晶、玉髓、石英、蛋白石和化石等，以玛瑙质最具观赏性。其中蛋白石质纯、色艳，极具润感。

雨花石其形以扁、薄、端、圆为佳，具有"六美"，即质美、形美、纹美、色美、呈象美、意境美。雨花石又有细石与粗石、活石与死石之分。通常把质地呈透明与半透明状的玛瑙、蛋白石、玉髓等归为"细石"一类，又称"活石"；其他不透明的石头归为"粗石"一类。雨花石因埋于砂石矿中大多石表毛糙，需清水而供，色彩、图纹才能清晰地显示出来。

长江中游也有雨花石产出，主要集中于宜昌枝江市的玛瑙河，四川泸州长江段亦产，但矿物杂质更多，个体较大，通透性偏弱。

长江石

长江石种类繁多，有图纹石、造型石、色彩石、化石等。其中尤以图纹石闻名，雄秀相兼。长江石绝大部分产于四川境内，包括金沙江、岷江、大渡河、青衣江等流域。造型石以绿泥石为代表，多意象石，形体圆融饱满，秀雅端庄。色彩石类较为丰富，具有青、黄、绿、红、紫单色及过渡色，尤以长江红最具特色。

水墨石是长江石的代表性品种，其石质细腻、图纹精致、变化丰富，色调素雅，以黑、白、灰色为基本，以单一玄黑色、灰白色线条为构图元素，绘画性强。绿泥石呈绿色，质地细腻，表面光滑，造型、纹理皆备，硬度6~6.5度。芙蓉石属变质石英岩卵石类，石质细腻，水洗度好，色彩分别呈赭、暗红、淡红、鲜红及玫瑰

彬彬有礼 长江石 宽：32 厘米 李朝俊藏

色。线纹流畅，构成山川河流、日月争辉、牡丹绽放等图案。还有金沙彩，其共生矿物组合为绿泥石、绢云母、石英等，色彩极为丰富，色相上分为橙色、黄色、绿色三种，纹理可分为线纹、卷纹、凸纹、螺纹、云纹、水纹等。清江石色调以红、褐、青、绿为主，多见水秀山青、渔舟唱晚、急流险滩、霞光秋色等主题内容。三峡卵石主要产于巫山小三峡大宁河，以黑白两色居多，常能看到的有物像和文字。

黄河石

黄河石以石英岩、硅质岩、凝灰岩、硅化灰岩居多，质地细密坚实，色调凝重古朴，硬度一般在6~7度。其中上游的青海段河源石多见有奇特造型，又称星辰石、鼓丁石，主产于青海化隆县、循化县段的黄河滩岸。石肤较为光滑、滋润，颜色古朴凝重，多为深灰青或深灰绿，一般

梦回大唐 宁夏黄河石 景南藏

以黑色为基调，一石多为两色，显现出镶嵌的效果，类多星辰日月，其表凹凸有致，奇特自然。

黄河中游以下的奇石磨圆度较好，以纹理图案见长，有兰州黄河石、宁夏黄河石、内蒙古黄河石和洛阳黄河石。尤以兰州地区所产为多，色调或明快清新，或深沉凝重，或粗犷雄浑。纹彩又以暗红色居多，画面以表现日月星云、山川河岳居多。洛阳黄河石以日月石（也称星辰石、太阳石）最为知名。磨圆度较好，颜色多为黄褐至褐红色调，其中以圆形晕圈最为常见和独特，底色多呈棕红、深赭，画面以黄、白、红居多，佳者日月周围点缀有星光、云彩、日晕及水景等。

枫江夜泊 广西国画石 宽：51厘米 黄晓民藏

草花石

草花石，又称国画石，古生石画，因石上画面多呈现单色或多色的草花状图案而得名。其产于广西来宾市铁帽山林场的黔江下游处，原岩系距今约2.5亿年前二叠系下统孤峰组底部岩石，为钙质硅质岩和硅质灰岩，硬度3~6度。

草花石的图纹，是由于矿物沿节理裂隙及毛细孔充填，在一定程度风化的情况下，多种矿物元素致色，致使其图纹呈现出绚丽多彩的色纹。石料需经过切割打磨，才能呈现出清晰的画面，具有国画、版画、油画、素描等效果。

草花石质地细密古朴，图案绮丽多姿，表现力极其丰富。有些草花石形成晕色，呈渐变的褐黄色，其中节理因充填了不同矿物质而形成多种纹线，通常为一幅幅生动的钢笔画或工笔写意画。草花石里常含有单体珊瑚化石，其形成的"太阳"和"月亮"是单体珊瑚或海百合茎横切面的结果。

破茧成蝶 潦河石 高：15厘米 张日辉藏

潦河石

潦河石产于江西西南部的潦河。潦河是江西修河的支流，所产奇石以靖安县高湖镇汤家村附近河道为佳。包括筋纹石、龟纹石、黄蜡石等，以图纹石最为典型。原岩属于沉积岩中的砂岩、泥岩，经亿万年的风化、侵蚀、冲刷和搬运，较软的基质凝灰质砂岩被侵蚀而呈粉沙状，质硬的黑色电气石层理凸出石体，经过亿万年的冲刷、搬运，形成反差强烈、凹凸分明的浮雕图纹，刚柔相间，曲直有别，疏密相对，虚实相衬，有浓墨、淡墨、干墨、湿墨、焦墨之分，极具水墨画意味。

潦河石色彩大多黑白分明，石表粗粝，画面立体，质感强烈。图案千变万化，大体还是与传统水墨画的题材相契合，墨韵十足，十分文气。

松花石

松花石又称松花玉，产自吉林长白山脉，因松花砚而成名，是制砚的上佳石材。早在明代就被开发用于制砚，到了清代，因为长白山又被视为"龙兴之地"，故松花石也被当作国宝，为皇

菜根香 吉林松花石 宽：15厘米 丁顺兴藏

族专用。松花石的主要产地包括吉林通化、白山以及延边敦化、安图，辽宁本溪、辽阳等地，不同产地和不同坑口所产出的色纹稍有差异。

松花石形成于震旦纪，是海相运动中海底的淤泥经过沉积、覆盖、压制等物理过程形成的沉积型微晶石灰岩，主要成分为方解石、石英、云母、黏土，以及少量金属矿物质，摩氏硬度3.0~4.5之间。

松花石质坚致密，温润如玉，抚之如婴儿肌肤，叩之声音清脆，造型奇特多变，色泽丰富多样，以绿色为主，包括青、黄、褐、紫等色，共生色有黄绿、紫绿，紫黄等，纹理细腻独特，有刷丝纹、核桃纹、云水纹、草花纹、星点纹、木纹等。

孔雀石

孔雀石，因颜色酷似孔雀羽毛的青绿色而得名。我国古代称之为"绿青""石绿"或"青琅玕"，古代是国画颜料（石绿）的重要来源。孔雀石产于铜的硫化物矿床氧化带，是基性无水碳酸铜矿物，含铜量57.5％，是重要的铜矿石，常与其他含铜矿物（蓝铜矿、辉铜矿、赤铜矿、自然铜等）共生。我国主产于广东阳春、湖北大冶和赣西北。广东阳春储量全国第一，质优色艳，结晶完美。世界著名产地有刚果、摩洛哥、美国、法国、南非等地。

孔雀石晶体形态常呈柱状或针状，表面结构通常呈隐晶钟乳状、块状、葡萄状、结核状和纤维状集合体，具同心层状、纤维放射状结构。色彩随着所吸附杂质变化出现深浅浓淡变化，呈丝绢光泽或玻璃光泽，摩氏硬度3.5~4.5，密度3.95克/立方厘米。性脆，贝壳状至参差状断口。表面有的呈绒毛状，有的呈皮壳状。

孔雀石属于矿物结晶体，很少见到结构完整、四面可观的孔

翠竹幽谷 孔雀石 宽：32厘米 万静茹藏

雀石。它既可作奇石欣赏，又可制作盆景，结构致密者还可作宝石、玉石原料。

广东阳春孔雀石产于石录铜矿，有两千年的开发史，储量大，质量高。色泽分翠绿、草绿、暗绿三种，又名绿宝石，其中晶体绿宝石极为罕见。常见为放射状或钟乳状，外表多有层绒毛，里外呈千奇百怪的怪峰异洞，绚丽多姿。湖北黄石大冶孔雀石主要产于铜禄山，特殊的岩溶洼地地质条件造就了其质佳色艳，光彩夺目，其中尤以绒毛状、钟乳状、葡萄状者为佳，是上等的宝石类观赏石，有的与稀少的蓝铜矿伴生。

硅化木

硅化木，又称木化石、树化石，大多产生于1.5亿多年前侏罗纪时代。仆倒深埋的树木受到富含二氧化硅的

节节高　永康水冲木化石　高：22厘米　李建成藏

地下水的长期侵蚀，木质逐渐被替代置换，而原有的纤维、年轮、节疤、树瘿等，均被清晰地保存了下来，宛如真实的树干。除了二氧化硅外，木质还会被方解石、白云石、磷灰石、黄铁矿和褐铁矿等所替代。

按照硅化木出土的地点，大体可分为山原石、水冲石和风砺石三大类。山原石以辽宁的北票最为多见；水冲石在浙江新昌、嵊州、金华、永康等地均有发现，南京雨花石中也有发现；风砺石主要分布在新疆鄯善、内蒙古阿拉善戈壁滩，表现力的丰富程度，以风砺度高，皮壳完整，有表皮、年轮、节瘤、树枝、蛀孔等细节为佳。

硅化木中木质被玛瑙和玉髓交代后达到玉化程度者，称为树化玉，主产于毗邻云南边境的缅甸曼德勒省的那吐机县和马蓝县。树化玉以鸡血红色、翡翠绿色为贵，质地以通透度高（水头好）为佳。树化玉大多需要通过打磨、喷砂、抛光等工序才能观赏。

赏石

◎ 砚山与景观

◎ 立峰与抽象

◎ 象形与状物

◎ 图纹与画面

◎ 神韵与意境

◎ 古石与传承

赏

石

砚山与景观

所谓景观，其实就是以山形为代表的自然景象，也包括类似附属于山水景观的建筑（如长城）等人文景观。其中山形石是造型石中的大项，也是赏石界拥趸者最多的。

玩石的本意就是亲近自然，与自然对话。而山形石是观赏石中最接近大自然的，也可以说是大自然的缩影。如果追溯到厅堂案几类室内赏石的玩赏，最初就是从山形景观石开始的。其实证就是宋代米芾书法名迹《研山铭》中附图《宝晋斋研山图》（图为后人所摹），

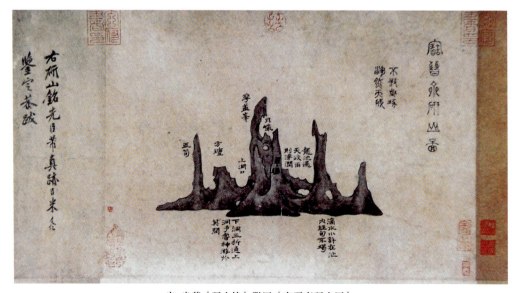

宋 米芾《研山铭》附图《宝晋斋研山图》

按照记载这原来是南唐后主李煜（937年—978年）的遗物，也是其创制的一种文玩。

"宝晋斋研山"也是最早被命名的文房赏石。此灵璧石长约尺余，前耸三十六峰皆大如手指，有华盖峰、玉笋、方坛、月岩、天柱、翠峦等名。中凿为研池，滴水少许可经旬不竭。另有龙湫，遇天欲雨则津润。还有上洞和下洞，两者相通。画上留有许多题记，也说明米芾对之喜爱有加。

砚山可以说是最早的山形景观石，在赏石文化史上具有重要的地位，同时，砚山对后人赏玩山形景观石至少有三个重要影响。一是造法自然，小中见大；二是取法稳底，适合摆玩；三是奠定了笔架的主流样式。

清 乾隆仿石釉笔山　故宫博物院藏

所谓造法自然，就像中国山水画的创作一样，就是以自然为师。米芾在"宝晋斋研山"上留有许多题字，如"翠峦""华盖峰""月岩""方坛"等，显然把它视为一种自然山川景观的缩影。所谓取法稳底，就是景观山形石以平底、稳底为佳（也有切底修治的）。所谓适合摆玩，就是将奇石从原来以庭园置石为主，移到了案几之上，并成为文房器玩的一种，也是文房供石之始。所谓奠定了笔架的主流样式，就是宋代之前笔架（又称笔格）古制多是

云梦山 灵璧石 宽：58厘米 和云居藏

志摩之诗 日本那智黑石 宽：50厘米 周易杉藏

庐山高 英石 高：35厘米 肖启纯藏

日本安倍川紫晃石中的瀑布石　周易杉藏

竖立的栏杆架子状，砚山出现后，文人自然而然将它作为搁笔的笔架（一物两用），这也奠定了以后笔架（笔山）制作的主流样式。其中主要有两种形式，一种是几何规则，一种则刻意模仿砚山随形造型。

　　景观石在世界范围来说也是石玩中的大项和主流。南宋以后，赏石之风流传到了日本，他们从中吸收了山形景观石的玩法，并将其弘扬光大，创立了"水石"一词。近代以来，西方各国由此吸收切入，形成了以山形景观为主的主流玩石之风尚。目前国际上流行的赏石英文单词就是由"水石"而来（Suiseki一词，已经使用了大约150年之久，Suiseki一词由两部分构成，Sui即水，Seki即石）。

　　所谓水石，就是指表现自然山水景观之美的石头（其实，日本也有观赏石之说，其外延很广泛，包括象形、抽象等等，但水石仅仅是把一块石头就看作是大自然的缩影），是"山水景石"的缩略语，而且大多能够被水养（以盆石而供为主要形式）。

　　日本水石非常注重简约化和稳定感，以卧式山形石为上，有的底部不平整的，往往都修治成稳底。水石还做了具体而又细致的分类，不但丰富了山水景观石的表现形式，还明确区分了景观石之间不同的差异。它们大致可分为九类：山型石、岛形石、岩形石、土坡石、平台石（"段石"）、湖沼石、瀑布石、茅舍石、舟形石，同时还形成了一套规范化的玩石理论和做法，影响深远。

幽谷神潭 灵璧石 宽：8 厘米 许勇藏

　　如水石形状评判的"三面法则"，即石体的前后左右应协调，底面的大小厚度及形态应和谐适度。就是说，前和后、左和右应分别呼应和谐，底部应尽量平稳。水石还有三因素之说，即质、色、形。质注重细腻及坚硬；色强调沉稳的黑色，浓而不烈；形要求必须是自然石，表面有年久把玩留下来的光泽。水石的供置，通常以水盆为主，木座为辅。水盆中盛以砂粒或水，以反映湖海之景观。水石中的"景道"，便是通过盆景和水石的摆设，把对美之研究和情操之提高作为一种修业。

　　在日本水石之中，还有两个类别具有标识意义，那就是瀑布石和茅舍石。

　　瀑布石（又称泷石），其实也是山形石的一种，但是要有水线，或宽或细，或长或短，通常是在黑色的山景中，夹杂着白色的水线，反差强烈，十分醒目。有的气势磅礴，有的静流无声。所谓"非必丝与竹，山水有清音"。这石上瀑布就像是山中清音，给人带来一种打破寂静和清凉世界的感觉，倍增兴味，十分难得。日本所产的水石中，瀑布石品种很多，而且精品迭出，这也是其能够单独归类的原因。

　　茅舍石其实是一种象形石，属于建筑物，有的茅舍依附于山水景观石之中，成为景观的

瀑流无弦万古琴 汉江石 宽：41厘米 朱富有藏

万山红遍 灵璧彩玉石 高：146厘米 刘年武藏

笔架山 内蒙古戈壁石 宽：38厘米 倪国强藏

青山不墨千秋画 嘉陵彩 高：38厘米 朱富有藏

一部分。茅舍之所以成为水石中的一大类别，这可能与日本庭院建筑主体的茶室有关。茶室是举行茶道的独立建筑空间，也是形成静观和内省的修道场所，以素淡质朴为样风，追求自然天成，以竹木和芦草编成，面积一般不超过10平方米，外形与农家的草庵相同，又有"茅屋""空之屋"等称呼。日本水石与茶道有着十分密切的关系，茶室中的"床之间·壁龛"（类似玄关），便是放置水石的主要空间，也是"景道"演示的主要场所，水石还常常作为茶宠出现在茶桌之上。所以，将茶室浓缩于水石之中，成为一种独立观赏的品类，也是日本水石文化中独有的"符号"，从中也说明了水石与茶道乃至悟禅修道之密切关系。

需要指出的是，所谓的山形景观石其实也是一种具象，是自然界某种真实景观的再现或是某些真实景观的综合概括。在发现有关景观石主题时，我们常常会把一些特定的山川景观予以命名，所以有一定的形似要求。另一方面，景观石的造型也要与形式美学诸多原理相契合，包括均衡、节奏、韵律、黄金分割等，是对于自然山川景观形式美的一种提炼和升华。

此外，景观石有一些简单易行的评判标准，容易入门。如同山水画是中国画的一个重要表现题材和永恒的主题一样，山形景观石作为观赏石的一个重要表现题材和永恒的主题，其不少赏玩理念多是从山水画论中引申出来的，或者说可以移用山水画论中的精华部分。如北宋郭熙《林泉高致·山水训》可谓山形景观石审美借鉴的圭臬。中国山水画的空间构成，最有概括意义的就是郭熙提出的"三远说"，即："山有三远，自山下而仰山颠，谓之高远；自山前而窥山后，谓之深远；自近山而望远山，谓之平远。"中国画都是运用散点透视法的，所谓三远，是指画家或者是欣赏者视角有所不同，高远是一种仰视，深远是一种俯视，平远是一种平视。作为山形景观石的审美，也可以按其视角特点予以分类（如峭壁山即是高远仰视的一种，日本水石还把近景的尖峰称呼"剑山"）。无论哪种山形景观，都应该以符合高远、深远、平远的审美视角为标准，兼而有之的则更佳。

此外，作为景观石的放置，也要考虑到是平视、仰视还是俯视的高度，视哪一种效果最佳。比如说水盆、沙盘的置石，一般以具有俯视效果的景观石表现最佳。郭熙还曾写道："真山水之川谷，远望之以取其势，近看之以取其质。"所谓远取其势，近取其质，既是评价山水画的一个标准，也很适合评价景观山形石，即远观其气势走势，近观其肌理皴理。只有石之造型的气势、走势与石之表质的肌理、皴理相协调配合的，才是好的山形景观石。

其实，判断山形景观石意境的最高境界，就像北宋画家郭熙提及山水画要给人以可以游、可以居的感受："山水有可行者，有可望者，有可游者，有可居者。画凡至此，皆入妙品。但可行可望不如可居可游之为得。"这也是山水画之所以被称作可以卧游的缘由。其中，可以居、可以游是最高境界。这同样适用于对于山形景观石的评价，好的山形景观石不但要符合形式美的诸多原理，同样应该引人入胜，给人以可以亲近、可以进入的感受，这其中包括质地、肌理（皴理）、走势、局部细节等，都要符合或者贴近自然真山水，也就是自然山川的缩影，使其凝固在一方小小的奇石之中。

所以，景观石的玩赏，包含了丰厚的人文艺术积淀，石理有画理，画理如石理。历代山水画论，包括有关画石要诀，都可以作为景观石审美的重要依据和借鉴。相比较观赏石的其他类型题材和主题，景观石则有着更为丰富和成熟的足资借鉴的评价标准。

总而言之，作为景观石的审美，可以小中见大、大中见小来评判高下，远取其势是为大，近取其质是为小。这所谓的大与小便形成了一种有趣的辩证关系。

这里的小中见大，就像明代文震亨在《长物志》中所言："一峰则太华千寻，一勺则江湖万里。"不管园林石还是案几石，都要给人以想象的空间。有的石头尽管体量较小，但经得起放大大效果。景观石应该是大自然中的某一个或是某一类乃至某一些真实景观的再现或是综合概括，是一种再现自然，也可以是一种再造自然，就像是艺术家创作的作品。但无论如何，大自然的景观尺寸再小，也要远远大于景观石的尺寸，没有一比一的景观和景观石。景观石尺寸再大，也大不过真实的大自然景观。而且，从收藏的意义上讲，景观石尺寸越大，需要展示的空间也就越大，也就越不容易搬动迁移，相对来说，收藏玩赏的意义就越小。自然景观与景观石的比例差距越大，才越显得不可思议，也难能可贵。

而大中见小，就是要有细节，也就是要局部经得起推敲。就像园林假山堆叠制作一样，不但能够远观，而且能够近处。比如洞穴、平台、湖沼、山峰、蹬道、山涧、瀑布、岩石、峭壁、山谷等自然景观或多或少都能有所再现，要是建筑（如房舍、桥梁等）人文景观也能有所反映则更佳。尤其是皴理，也就是石头表面的肌理皴褶，表现得越是充分，就越能凸显景观石所反映的自然景观的贴切真实，就像皴法的出现，标志着中国山水画真正走向成熟一样。现代国画家贺天健称"强调一些说，皴法可以当作山水画艺术中的一种生命看"，景观（山形）石的生命，某种程度上说就是皴理皴褶。在景观石比较有特点的石种里面，往往都是皴理皴褶比较特别或是丰富的，包括崂山绿石、福建九龙璧、灵璧石、英石、广西幽兰石、淄博文石、贵州盘江石等。有意思的是，不同于其他石种的地方在于这些石种的山形石均偶见有切底现象，也反映出这些石种的皴理皴褶（包括造型）确实非常有特色，以至于赏玩者惜石如金。

不管是小中见大还是大中见小，景观石归根到底就是要给人带来大自然真山水的体验，也是赏石作为一种缩景艺术的体现。

灵岩仙境 太湖水石 高：48厘米 顾建华藏

立峰与抽象

以"四大名石"为代表的古典赏石，是以瘦、漏、透、皱为结构特征，以抽象形态为主要表现形式的赏石，最经典、最主流的样式就是云头雨脚的立峰山子类造型。即使在今天，包括像昆石这类需要完全清理加工的赏石，也并没有加工成为景观或是象形物，而是完全按照古典赏石立峰山子类加工成型。

古典赏石的抽象美，形成了相对稳定且接近于程式化的样式，在结构上以透、漏、皱见长。漏与透两者意思比较接近，都是指石体的结构表现为孔窍通达、剔透玲珑，漏侧重指上下贯通，透侧重指前后贯通，皱是指石体表面的凹凸褶皱肌理。造型上取法瘦、危、变，瘦是指冗繁削尽，亭亭玉立，多取立式造型；危是给人以摇摇欲坠的感觉，多取上大下小之态，俗称云头雨脚；变是指形态上富有变化而非定型，可谓曲尽其妙。

所谓以透、漏表现的孔穴，对于石（实）体来说其实是一种残缺和破相；至于瘦与皱，虽然环肥燕瘦，各有所爱，但毕竟"瘦"是一种病态，而石体表面的凹凸褶皱也与光滑饱满形成了一种强烈反差，是一种非常之态。瘦、皱、漏、透如果一言以蔽之，那便是丑。因为，古典赏石并不符合形式美学所提倡的均衡、匀称、节奏、韵律乃至黄金分割等诸多原理，与形式美学是完全格格不入的，是一种反形式美，唐宋以来的历代著名诗人，如白居易、苏东坡等，均认为传统赏石形态是一种"丑"。近代书法家刘熙载在书论专著《艺概·书概》中并对此做了终极意义的总结："怪石以丑为美，丑到极处便是美到极处。一'丑'字中丘壑未易尽言。"

古典赏石是一种抽象的审美，有别于"发现的艺术"，更像是一种"观念的艺术"——这里面包含了古代文人士大夫的哲学和艺术等意识观念。如古典赏石所强调的透漏感，与古典建筑空间美学和绘画美学有着千丝万缕的联系，前者表现为透风漏月、曲径通幽，后者表

玉洁 昆石 高：20厘米 金洪男藏

留云 灵璧石 高：70厘米 张建宇藏

紫玲珑　湘西紫玲珑　高：80厘米　得云轩藏

现为计白当黑、虚实相生。古典赏石的空灵结构和抽象造型，体现了一种亦刚亦柔、有形无形的矛盾结合体，堪称古典朴素唯物辩证法的一种表征。

古典赏石以丑为美，所谓丑其实也与抽象相关。按《说文解字》，"丑"（醜）本义是可恶如鬼。鬼怪虽然可恶，但毕竟是虚构的，这也说明古典赏石所独具的那种超乎人们想象的丰富而又难以捉摸的表现力，这也是一般人为的艺术品所难以望其项背的。在唐宋诗人心目中，这种丑状也是能和鬼神直接相联系起来的，如"厥状复若何，鬼工不

拙政园进口处置立的一方太湖石

可图"（唐·皮日休《咏太湖石》），"掀蹲龙虎斗，挟怪鬼神惊"（唐·牛僧孺《李苏州遗太湖石奇状绝伦因题二十韵奉呈梦得乐天》），"奇应潜鬼怪，灵合蓄云雷"（唐·白居易《奉和思黯相公以李苏州所寄太湖石奇状绝伦因题二十韵见示兼呈梦得》），"巉顽累叠百千状，人兽鬼魅相仿佛"（宋·金君卿《怪石》）等。

这种莫可名状的抽象之态，过去人们常常以天上变化莫测的云彩来命名奇峰怪石，诸如苏州古典园林中的著名置石瑞云峰、冠云峰等等。一方面，古人认为，云"触石而出"，故称石头为云根，云与石有着不可割裂的关系。另一方面，云是不断变化而非定型的抽象物，以云来命名也就意味着古典赏石在造型上的不可捉摸性。古典赏石都属于山石类碳酸岩，容易风化腐蚀成百变结构造型；现代赏石以水冲石、风砺石类硅质岩居多，虽然不易形成瘦、漏、透、皱结构抽象造型，但也偶有所见此类经典造型，弥足珍贵。

关于古典赏石"瘦、皱、漏、透"的品鉴标准，至少在元、明、清三代是流行不悖的，直至今日，还被奉为赏石圭臬。不过，这是一种赏石自然要素层面（造型和结构）"形而下"的解说，很容易被标签化，成为一种程式化的审美，因此也受到过诟病。其实，无论从文献还是实物来考察，"瘦、皱、漏、透"并不能涵盖古典赏石的全部。如何对古典赏石审美作"形而上"的解读，一直是赏石界的话题。

为道日损 北丹石 宽：160厘米　智吉藏

　　2018年10月重阳节，一个以赏石文化为主题的"嘉佩乐雅集·中国赏石座谈会"在上海建业里嘉佩乐酒店举行。此次雅集，汇集了十余位中外学界、石界以及媒体资深人士，围绕赏石话题，探讨人文精神，是一次跨界的交流。旅居海外的著名赏石学者丁文父，是此次雅集的主讲嘉宾。这几年他开始重新审视和观照中国古代赏石，发现有很多问题，所以更多地带有一种批判精神。比如，他认为，中国赏石美学到了唐宋时期已经到达到顶峰，经过元朝一统之后，包括赏石、绘画等艺术都从此没落了，甚至是非常颓废，包括古典赏石所推崇的瘦、皱、漏、透。

　　一年以后的2019年9月14日，丁文父在上海举办了"重塑：丁文父作品展"，展示了他以灵璧石等为主要媒介创作的装置艺术作品，并出版了《千年之石 只欠一刀》一书，在石界引发了很大的震荡。所谓"千年之石"，可以理解为千年不易之（古典）赏石审美观念——自然天成；"一刀"则是予以重新解构，这属于当代艺术范畴。切过"一刀"（也有两三刀，而且是作为主要观赏面）的石头，已经不属于传统概念的赏石了。通过切割（"一刀"）古典赏石，丁文父认为"创造出形式的基本要素：直线、平面甚至空间，由此改变赏石'肖其自然'的形象，创作出一个抽象形象，或者说表现具象以外更为抽象的品质"。实现赏石从"自然"到"非自然"的飞跃。

"一刀"过后的黄灵璧石

洞天岫 苏州太湖石 高：70 厘米 倪国强藏

记得在"嘉佩乐雅集·中国赏石座谈会"的即兴发言中，我对于丁文父否定古典赏石的论点作了回应。我认为人类都有一个怀旧情结，古典赏石对很多人来讲就是一种怀旧，有一种文人情怀在里面。赏石是具有世界性语言的东西，特别是对于抽象类的赏石（古典赏石）的审美，应该没有过时。

上海建业里嘉佩乐酒店赏石布局

我在当时提交的《"文人石"之刍议》一文中提出，"文人石"（西方学者称古典赏石为Scholars' Stones）有狭义和广义两个概念。狭义来说，凡是以瘦、漏、透、皱为主要造型结构，以抽象审美为旨归的赏石，也就是所谓的古典赏石，可以统称为"文人石"；广义来说，凡是符合文人情怀、文人审美的赏石，都可以称为"文人石"。瘦、皱、漏、透之外，其实应该还有清丑顽拙，还有苍雄秀深，还有奇古幽雅，还有孤高寂静……我认为古典赏石的特征就是："意与古会，不求形似，大璞不完，诗情画意。"其中，"意与古会"是古典赏石的核心内容。这里的"古"，主要是指一种古意，蕴含有一种恬淡宁静、出尘拔俗的审美意境，暗示着古代文人所向往的那种桃花源般的诗意生活，是一种逃避名利、超越现实的生命存在和价值的取向。也就是说，当我们面对一方石头的时候，除了给人带来愉悦之外，还会引发一种冥想之境，与古代文人（优雅生活）神游，那么，近似为"文人石"了。

理解了意与古会，其实就可以让我们完全不必拘泥于"文人石"的造型结构（瘦、皱、漏、透）与形式。只要有古意的，能够令人生发思古之幽情的石头，都应该可以称作为"文人石"。

其实，瘦、皱、漏、透不但是一种相石之法，更像是一种画石之法。尤其是透漏之空灵形态，更是古典赏石的标志性"符号"。从英国现代雕塑大师亨利·摩尔（1898年—1986年）所创制的"摩尔之孔"，到汇集了美国雕塑家、"文人石"收藏家理查德·罗森布鲁姆的藏石及研究成果的英文名著《Worlds Within Worlds》（《世界中的世界》），传统赏石的透漏之美，给了艺术家无穷的创作灵感。按照亨利·摩尔的说法就是："作为一种有意识的、经得起推敲的形式，仅仅带有空洞的石头，也可以构成一座立在空中的雕塑。"

相对来说，现代赏石由于质地多非碳酸岩类，其抽象形态就更多地体现在了线、块、面上，其表现的形式则更具多样性，其中不少造型主题可以在现当代抽象艺术中寻找到默契。

摩尔石的得名和鉴赏可谓典型一例，这也是赏石艺术向美术界及主流社会推广普及，求得认同的一种体现。

如果说，当代赏石有一种连接中外、联通艺术的石种，莫过于广西摩尔石。

广西摩尔石主要产自大化县岩滩红水河水域，属沉积砂岩。关于摩尔石的由来，"百度百科"有一段较为详尽的介绍，移录于此：摩尔石的命名，得自于英国现代雕塑大师亨利·摩尔（1898年—1986年）的名字，这在石种的命名上可谓绝无仅有的一例。之前，当地俗称之为磨刀石，这个命名多少带有些贬低的意味。确实，相比起红水河其他优秀的水冲石，如彩陶石、大化石、黑珍珠、卷纹石等，摩尔石既无靓丽的色彩，也无玉质感的"宝气"，更无凹凸有致的皱褶纹理，水洗度也欠佳，甚而有的手感粗糙，没有皮壳……将之打入"另类"也似无不可。

亨利·摩尔雕塑艺术大展
在北京北海公园展示的摩尔雕塑"母与子"

摩尔少女　刘建军藏

这段文字出自我在2003年5月写的一篇《从"摩尔石"说起》的网文。可以说对于摩尔石的成名，我是一位直接的见证者。

此石最初的成名，可以追溯至2001年11月深圳宝安举办的第二届全国藏石珍品大展。其时，上海刘建军送展的一方命名为《摩尔少女》的磨刀石，被评为金奖，这也是当时唯一参展的一方磨刀石（当时石种名之"广西水冲石"）。这方形同少女低头沉思的倩影，线条柔美，比例匀称，具象中带有抽象意味，极富雕塑张力感和艺术感染力。当时曾有人出价数万元欲予购藏。

先前，2000年岁末和2001年初，英国现代雕塑大师亨利·摩尔的雕塑艺术大展先后在北京、上海两地举行，摩尔创作的那些极富想象力的超现实性的带有抽象意味的雕塑作品，震撼了我国的美术界，引起不小的轰动。许多赏石界的有识之士也敏感地发现，摩尔雕塑中的不少形象，特别是带有孔洞的雕塑，似乎与大自然中的奇石有着异曲同工、千丝万缕的联系。过去我国美术界曾有一种说法，认为摩尔创作的许多带有孔洞的抽象雕塑，是与中国园林中的太湖石有着某种关联的，但是遍查亨利·摩尔的经历和言论，似乎此说并不成立。此次，我在北京、上海举办的亨利·摩尔雕塑艺术大展中发现，在展出的亨利·摩尔生前所搜集的一些树根、

中国龙 广西摩尔石 黄云波藏

贝壳、化石等原始素材中，也有太湖石类透漏的奇石，不过那些都一望而知，并非中国所产，而应是英国当地土产。这也说明，所谓"摩尔之孔"与太湖石并无直接的关联，但其得之于自然界奇石洞穴之灵感却是毫无疑问的。亨利·摩尔曾经说过："作为一种有意识的、经得起推敲的形式，仅仅带有空洞的石头，也可以构成一座立在空中的雕塑。"也正是从亨利·摩尔开始，西方雕塑家开始对与"体块"相反的"孔洞"进行了自觉的探索。至于太湖石类中国传统赏石强调的透漏之美，更多的是一种观念上的审美，是一种"形而上"的东西，与西方形式美学并无特别的关联。

亨利·摩尔的雕塑更多的是居于似与不似之间的抽象意味，其线条柔和，体态夸张，开阖自如，十分大气。相较之下，磨刀石的线条造型与其十分相似。磨刀石大多色彩单调，以青灰色为主，但造型变化奇，形成难度大，其主题样式带有某种不确定性，更接近于现代的抽象雕塑作品，有的简直可以说是摩尔雕塑的翻版，包括2001年11月深圳展的《摩尔少女》、2002年9月"甲天下"第二届柳州国际奇石节荣获金奖的柳州徐伟崇收藏的《神雉》，以及上海国际藏石名家邀请展荣获金奖的柳州黄云波收藏的《未来》等优秀藏石，都有着与亨利·摩尔雕塑同样的艺术表现感染力。也正是从2001年11月深圳展之后，磨刀石的艺术审美价值被越来越多的赏石界有识之士认可，也不知从什么时候开始，"磨刀石"的名字渐渐地被"摩尔石"取代，其市

神雉 摩尔石 徐伟崇藏

场价值也水涨船高。摩尔石的命名可谓是化腐朽为神奇的点睛之笔。

如果说，摩尔雕塑的许多创作灵感和源泉得之于自然界的奇石，那么是否可以这样说，摩尔石的命名是赏石界呼唤赏石向（造型）艺术本真价值的回归，也是将赏石向美术界及主流社会推广普及，求得认同的一种姿态呢？

不过，这里要补充的是，上文中的"上海国际藏石名家邀请展"，是指2003年4月7日在上海虹口区新开张的上海多伦现代美术馆举行的首届上海多伦国际赏石文化节暨上海国际藏石名家邀请展，主办方是上海昆仑（国际）赏石俱乐部，参展的除了国内知名藏石家之外，还邀请了美国、德国、意大利、日本、韩国等国著名藏石家携石参展，是一次具有重要影响力的国际石展。

首届上海国际藏石名家邀请展，艾伦·沃克（中）和齐阿拉·帕德妮女士（左）等在一起观赏利古里亚石（施刘章摄）

当时，西方赏石受到日本水石影响很深。以至于欧美很多赏石家认为，赏石起源于日本。应邀来沪参会的美国"国际盆栽协会"（BCI）会长艾伦·沃克也承认，西方主要是从日本了解盆景和赏石艺术。当时还没有国际赏石组织，赏石附属于盆栽（Bonsai，沿用了日语盆栽的读音。中国称盆景），赏玩奇石的多是从盆景界分离出来的。

日本水石展柜　葛星藏

日本的水石，是"山水景石"的缩略语，只有能够体现自然山川景观缩影的石头，才称得上是水石。这类似我们造型石中的景观石。其实，日本也有观赏石之说，不过，显然它的外延更广泛，包括画面石等。记得二十年前，日本赏石界元老春成溪水给我寄过一份1965年9月1日出版的日本《周刊朝日》杂志的复印件，其中便有"观赏石"的爱好者已逾200万人的报道。当时日本赏石爱好者约占到总人口的2%，上至首相、下至平民，纷纷投入其中。好几任首相均有此好。这在世界各国中也是仅见的。不过，如今日本的观赏石爱好者已经不足10万人，原因很多，老龄化和后继乏人可能只是表象，优质资源枯竭、审美过于单一、排斥外来石种等则是主要原因。

形成对比的是，我国观赏石爱好者突破百万人还是在新千年前后，大概在2005年中国观赏石协会成立的时候，观赏石爱好者达到了300万之众，如今早已超过千万人，赏石也成为了收藏大项。审美取向多元、玩法纷呈多样、引进外来石种等，使得赏石队伍之扩容未有穷期。

曾几何时，日本水石在世界的影响力和拥趸者，远远超过东方赏石的发源地中国。赏石之所以在20世纪能在国际上得以广为传播，日本水石确实是起了重要作用的。这种文化输出，一方面是通过英文书刊介绍，更多还是通过日本侨民的以身说法。可以说，日本水石文化自成体系，曾经长时间占有话语权，大大地影响了欧美以及亚太地区的赏石界。当时许多来沪参展的西方赏石家，还是第一次到赏石的发源地中国，从中认识到中国赏石的源远流长以及兴盛和多元。比如，中国参展的有很多大型赏石精品，最大的超过三米长，这在西方赏石界是不可想象的，因为他们赏玩奇石多是受到日本水石影响，以"标准石"为主，所以可谓大开眼界。

日本水石虽然源自中土，然而对于中土赏石的影响也不可忽视。最早是20世纪70年代，我国台湾地区兴起了赏石热潮，其赏石理念受到日本水石的影响很深，而且，那里的山川地貌，有点类似日本列岛，所产奇石类型有不少相似之处。八九十年代全国兴起赏石热，特别是广西柳州地区优质水冲石大量产出，其中有许多符合水石理念的石种和石头，台湾地区石商和藏家纷至沓来"淘宝"，也带来了日本水石的赏石理念。

不可否认，日本民族是非常善于吸收外来文化并创造出自己的风格的，特别是对于形式感有着非常独特的体验和认知。包括茶道、花道等，都是源自中国，却又在日本自成体系，影响广泛。同样是假山的一种形式，日本"枯山水"的"石组设计"，用石、砂、苔创造出禅宗理念下的微观宇宙，用石块象征山峦，用白砂象征湖海，用草苔象征生命，用纹样表示水波，如一幅留白的山水画卷，以最简约的表达方式再现大自然的秩序和规则。其中的置石，以极具稳重感的山形石、岩形石、岛型石为主，毫无奇巧怪异之处，与中国的假山和置石堆砌的意念手法形成鲜明的对比。

值得一提的是，日本观赏石并没有流行过瘦、皱、漏、透样式的"文人石"，这一方面固然与他们的自然禀赋和赏石资源的不同有关，另一方面，

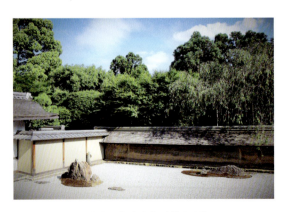

日本京都龙安寺的"枯山水"

"文人石"其实更像是一种观念艺术，当时是与中国传统文人士大夫的观念相契合，是一种本土化的赏石样式，并不能通行不悖。至于欧美各国在七八十年代发掘出"文人石"（古典）抽象艺术的意味，主要还是局限于学者和艺术家圈层，而不是广大赏石爱好者。

当时首届上海国际藏石名家邀请展，意大利观赏石协会会长、藏石家齐阿拉·帕德妮女士率团携来了几方意大利利古里亚山区中所产的"灵璧石"——利古里亚石，引来了中国石友的围观。帕德妮曾是意大利女子击剑全国冠军，参加过1964年东京奥运会。利古里亚石质色形有点类似灵璧石，在欧洲知名度甚高，有欧洲"灵璧石"之誉。这也是其首次在中国亮相。不过，其赏玩理念与日本水石相似，以卧式景观石为主，并没有云头雨脚样式的古典赏石。

阿尔卑斯山 意大利利古里亚石 帕德妮藏

有意思的是，首届上海国际藏石名家邀请展，欧洲"灵璧石"和那方唯一参展并荣获金奖的摩尔石《未来》同台亮相，在稍后举行的"中外赏石精品拍卖会"上，一方利古里亚石还被中国藏石家拍得。中西方赏石在此交流互鉴，也是值得纪念的一件事。

说到亨利·摩尔雕塑艺术大展，那次去参观也是凑巧。2000年10月23日，中国宝玉石协会第三次全体会员大会在北京召开，当时我是以上海市观赏石协会副秘书长的身份被推举与会，并被选为理事。开会期间，正好赶上了这个大展，所以特意去参观了一下。展览在中国美术馆和北海公园两处举行，北海公园主要展示的是大型的室外青铜雕塑。亨利·摩尔的雕塑确实前所未见，强烈的视觉冲击力，令人过目不忘。据说亨利·摩尔也收藏过太湖石，奇石对于他的雕塑创作有着重要影响。

摩尔石的问世，有人誉之为广西红水河优质水冲石的第四代贵族石种。当代赏石所推崇

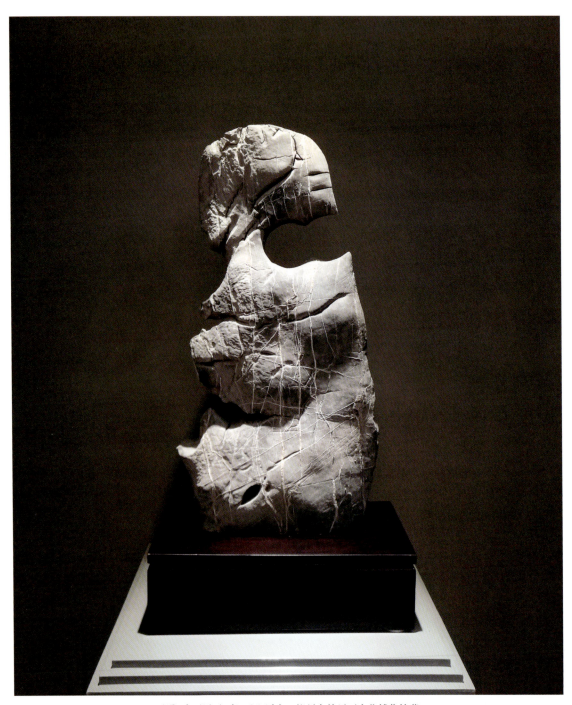

天雕　广西墨石　高：80厘米　柳州自然居石文化博物馆藏

的形、质、色、纹，在这四代红水河水冲石中都有具体侧重点的体现。如第一代彩陶石，以色赏为主；第二代大化石，以质赏为主；第三代卷纹石，以纹赏为主；第四代摩尔石，以形赏为主。摩尔石的出名，一方面固然是因为与亨利·摩尔挂上了钩，有一种名人效应和世界语言，另一方面，也是回归了古典赏石以形赏为主的传统。不过，类似是一种否定之否定。因为，摩尔石的形赏，是以美感极强的线条和块面的形式为主，完全不同于古典赏石的瘦、皱、透、漏，更接近于现代的抽象雕塑。如果说，以太湖石为代表的古典赏石是一种古典抽象样式的话，那么，以摩尔石为代表的当代赏石就是一种现代抽象样式了。

毫无疑问，摩尔石是当代石种开发中最接近现代雕塑艺术品样式的。时至今日，摩尔石已成为带有现代抽象雕塑意味观赏石的代名词。在摩尔石的名称诞生之后，它就成为了国内重大石展的座上宾。后来，又发现了几种具有摩尔石意象的石种，也被冠名为摩尔石。

比如，除了（大化）摩尔石之外，广西还有合山摩尔石等品种。合山摩尔石产于彩陶石产地合山的马滩、十五滩，质地细腻，肌肤泽润，色调朴雅，造型奇特，大多为板状，往往一面呈波浪状褶皱，如同摩尔雕塑，一面平整如砥，有的表面还有暗纹。贵州省有织金摩尔石，又称"精摩尔"，产于毕节织金县织金洞天坑群及其附近的阴河中，皮如瓷釉，色以黑、青黑、青灰为主，质地坚致，叩之有金玉之声，石体线与面变化万千，多见古典赏石造型。其实，在其他一些水冲石品种（如梨皮石、石胆石等）中，也时常可以见到这类带有抽象意味且雕塑感极强的赏石。柳州藏石家黄云波近二十年来专注于此，

般若 灵璧纹石 高：28厘米 赵芝庆藏

黔乡洞天 贵州织金摩尔石 宽：60厘米 周亮藏

窍云岗 贵州乌蒙磐石 宽：40厘米 倪国强藏

收藏了数以百计的大化摩尔石精品佳作，并开设了"柳州云波摩尔石艺术博物馆"，已成为当代赏石的文化品牌。

摩尔石以体块、线条见长，刚柔相济，其主题样式带有某种不确定性，更接近于现代抽象雕塑作品，给人以一种神秘而又令人震撼的美的感受。有的简直可以说是摩尔雕塑的翻版。所以，摩尔石既是一种抽象石，也是一种象形石——像摩尔雕塑的石头。

柔道 摩尔石 高：85厘米 黄云波藏

同样，在观赏石的各类自然元素之中，包括质地、色彩、形状、纹理、结构等，凡是以某一两项见长，甚至只是以某一项见长，但只要其契合了形式美的原理，主题表现又带有不确定性，那么都可以视作抽象石。除了个体石头之外，也包括有一些石种，以某一类自然特征见长，少见主题形象。如广西来宾卷纹石、安徽灵璧纹石、新疆泥石等，大都以纹理奇美取胜，很多精品也并不一定有确切的主题形象，但这丝毫都不会减弱其表现力。来宾石胆石、新疆雅丹石、青海结核石等，单个结核体或多个联合体的肌理造型十分奇特，饱满丰富，变形夸张，其造型往往给人以似与不似的感觉，回味无穷。台湾铁钉石、湖北绿松石等，肌理结构十分怪异，变幻莫测，很少出特别具象的象形石，更多的可以作抽象石来看。

远古遗珍 来宾石胆石 高：52厘米 宋云藏

从艺术根本上说，抽象源自具象，这就需要赏石者具备相当的艺术造诣和深厚的文化积淀。欣赏抽象艺术，往往需要像欣赏音乐一般的心态，也就是用心灵直接感受，倚赖直觉，无须辨识。

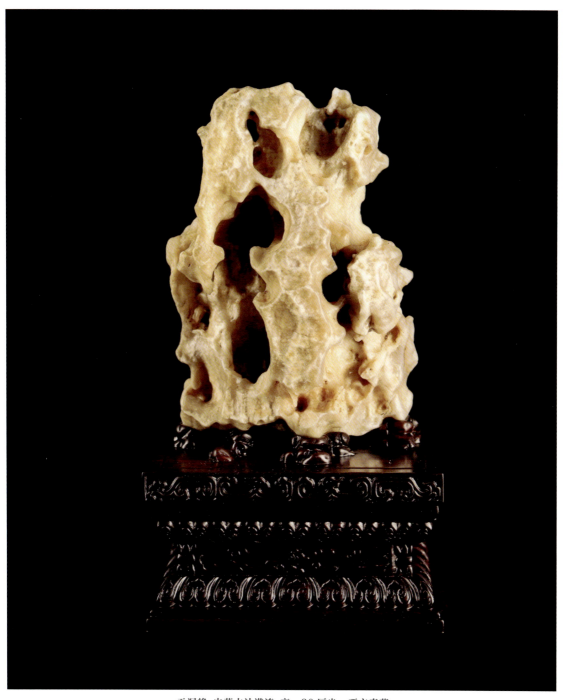

天洞峰 内蒙古沙漠漆 高：20厘米 严文青藏

象形与状物

象形石，又称具象石，是指形状像物的观赏石。奇石之所以有不可思议之处，就在于它似乎是先知先觉的灵物，在人类还没有出现之前，它们就已经有了万物之象，包括人物、动物、花木、器物、食物乃至于文字等等，有的不但形似，而且还神似，让人不得不感叹造化之伟力和神秘。其实，不少奇石所表现出来的呈象——包括造型、色彩、纹理等，也被后世许多艺术家临摹，启发，运用。

象形石按照其象形的生命特征，大体可分为有生命体征的和无生命体征两大类。前者包括人物、动物、花木等，后者包括器物、食物等。一般来说，前者是一种艺术审美，也就是往往从现实生活特别是艺术作品的表现角度来审视，不但强调形似，更强调神似；后者则是一种趣味审美，也就是追求形似和逼真程度，有的强调比例一比一，以假乱真。这在传统国画中也有类似表现。比如国画有工笔（写实）和写意（又分大、小写意）之别。现代国画大师齐白石有一句名言："作画妙在似与不似之间，太似为媚俗，不似为欺世。"这是针对写意画范畴的。其实，齐白石的工笔草虫也是一绝，但工笔草虫就并不适合"似与不似之间"的理论。

反观奇石，可以说绝大多数的象形石只能适用于"似与不似之间"的理论，是一种写意（也可以分大、小写意）。与其他艺术形式相比较，象形石与对应的真实物像之间往往有一定的差异（最主要就是质感）。也就是说，观赏石很难像工笔画和照相现实主义那样的手法去细致入微地完全复制和表现对象，所谓"画龙不点睛"。比如很多人物石，大多五官眉目不具，仅有外表轮廓

青萝卜　内蒙古戈壁玛瑙　宽：9厘米　梁大卫藏

而已。但人们似乎并不会觉得这是天大的遗憾，当然，如果人物的五官细节俱备，而且具有动感神韵的话，那肯定就是绝品了，并不妨碍我们对于其审美的观照。正像写意画与工笔画同样都具有艺术感染力一样。这里面涉及一个形与神的关系，这也一直是传统造型和绘画艺术审美所关注的焦点。

解脱者 来宾纹石 高：26厘米 印寂藏

苏东坡曾云："作画求形似，见与儿童邻。"毕竟艺术并非摄像（影），现代抽象艺术之所以诞生和发展，从某种程度上讲，正是由于照相技术的发明，使得具象艺术走到了巅峰和末路。如果将赏石视为一种艺术形式，那么它的审美也应该服膺于形神兼备的艺术主张。这需要玩石者具有丰富的经历、阅历、游历，眼界开阔，目光敏锐，触类旁通，熟悉艺术发展史和艺术名作——包括与时俱进的态度。因为随着社会的进步和物质文明的日新月异，奇石可供比照的主题形象也会层出不穷地出现。

有人说，观赏石是"发现的艺术"。所谓发现，大致就是指找出观赏石所表现出的主题，并予以制座演示命名。这对于每个人的阅历、经历、游历等等都是一种考验。尤其是，如果我们将观赏石视作为一种艺术样式，那就要熟悉古今中外的各种艺术流派、代表作品，否则，就会低看乃至错失好的石头。摩尔石的发现和命名算是比较典型的一例。

记得在2014年夏天，我在柳州的线上拍卖会上，见到一方大湾卷纹石，当时已配有底座，原主看它是水浪纹，大致是"乘风破浪"的主题。我见到以后，觉得一般般，再仔细端详，忽然觉得如果竖起来看，分明就是佛僧的袈裟纹饰，其线条顺畅，褶皱自然，颇似古代

犍陀罗佛陀坐像（公元 100-300 年
巴基斯坦犍陀罗石雕） 大英博物馆藏

绘画中"曹衣出水"的画意，虽然仅存局部躯体，但艺术感染力不减。当时，大概没有人看出这个主题，所以就很便宜地买到了。到手后，我重新设计了底座，使之大为改观。

在后来的研究中我又注意到，从公元一世纪中叶开始流行于南亚的犍陀罗艺术，在佛像人物雕塑中，也有类似"曹衣出水"的艺术表现。它被认为是希腊式佛教艺术，兼有印度和希腊的风格。

"曹衣出水"，是指南北朝时擅画人物、肖像，尤精于佛像的北齐画家曹仲达，其所画人物衣服褶纹皆以稠密细线表现，特别贴身，就像刚从水中出来，故称"曹衣出水"。曹仲达来自中亚曹国（今乌兹别克斯坦撒马尔罕一带），生活于六世纪。由此想到，曹仲达的人物衣饰画法是否受到犍陀罗艺术影响，可备一说。

与传统绘画、雕塑艺术相类似，象形石也大致以大众喜闻乐见的题材为切入点，比如人物中的儒道佛，动物中的十二生肖，花木中的梅兰竹菊、松竹梅，器物中的文房四宝、茶具器皿，食物中的菜肴水果，等等。一方面，大众对于上述物像的认知程度较高。另一方面，正是因为这些日常给人的物质生活和精神生活带来亲切感的事物和实物，再经过艺术家的创作成为一种经典题材，有的就被赋予了象征意蕴或吉祥意味，从整体上得到了升华。

一般来说，在象形石中，有生命体征的价值要高于无生命体征的，其观赏除了强调形象生动、一目了然、比例协调、观赏角度大等之外，还需要有一种神韵，即一种生命的律动和生机。相比之下，人物石多表现为静中有动，动物石多表现为动中有静，动感十足当然更好，凡是动静相宜的都是好石头。有时候石头形态的象形细节逼真与否往往可以忽略不计，神韵有无乃是关键所在。如果呆如木鸡、状似标本，其魅力和价值就会大大降低。即使是无生命体征的象形石——如菜肴等，也需要有活色生香的新鲜感和亲近度，以给人一种感官上的刺激和享受。

犍陀罗艺术 广西大湾石 高：10厘米 枕石斋藏

需要解释的是，所谓比例协调，是指象形石与对象之间的一种契合，有的需要一比一比例，即使放大或缩小、整体或局部，也都要保持相同比例；有的象形物属于石头上面的一个局部，也需要与外围，以及与石头整体保持一个理想的比例，对比最好鲜明突出一点，体量不宜过小，位置不宜过偏。所谓观赏面大，是指石头在表现和再现某一物体的时候，其观赏角度宜越大越好，四面可观最佳，视角至少不小于15度。如果观赏的最佳角度稍纵即逝，即使再上照（摄影照片往往容易锁定其最佳角度）也不能被认为是精绝之品。现代绘画大师张大千认为："作画，首先要了解物理，体会物情，观察物态。无论画什么，总不出这三个原则。了解了这三点后，画出的画才能形态逼真，神韵生动而跃然纸上。"充分表现物之理、物之情、物之态，这大概就是体现物体神韵的方法之所在吧。

高跟鞋 灵璧石 宽：18厘米 顾彬藏

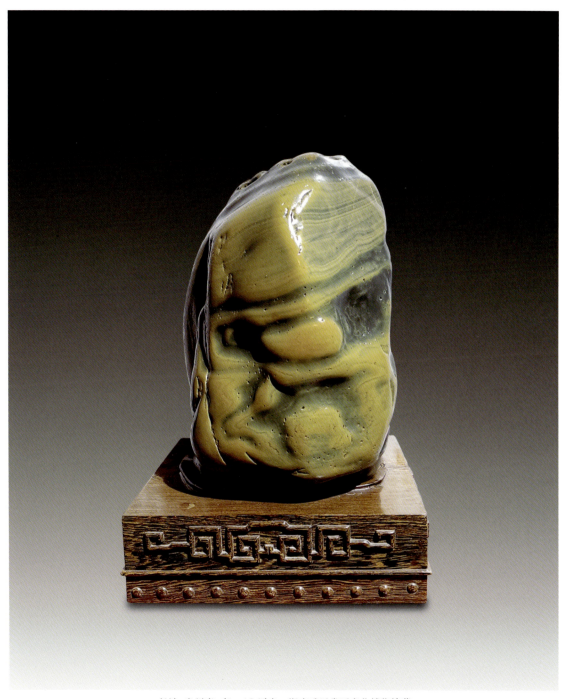

门神 贵州青 高：42 厘米 湖南武冈赏石文化博物馆藏

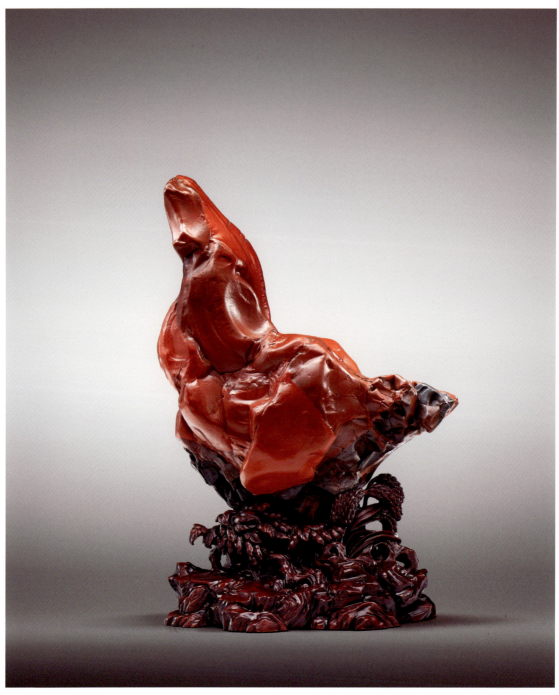

雄鸡一声天下白 内蒙古红碧玉 高：25 厘米 倪国强藏

风华绝代 灵璧石 高：110 厘米 王衍平藏

有生命体征的象形石，应该以人物为上（国画以山水为上，西画则以人物为上），所谓万物人为尊，人物石的审美观容易雅俗共赏，引发共鸣。而且人物涉及面之广泛和多元，也是任何其他物种所难以企及的。它包括古今中外的名人明星，也包括各种艺术作品所虚构的主人公，还包括各类传说中的佛道神仙，可谓各色杂处，阵容庞大，它们大多都具有令人过目难忘的主要特征。其中，头部是人物石最关键的要素，人物石中常见头像石，一般都要求头部出挑，比例协调，比如速写之中有头部比例立七、坐五、蹲三之说，可作借鉴。有的最好还要有俏色。

不同于一般的艺术创作，人物象形石（造型石）很少有五官细节。绘画艺术的创作有画龙点睛、传神阿堵之说，但观赏石艺术却往往是画龙不点睛，这当然与其形成的难度有关。整体而言，风砺石最容易出人物的局部细节效果，山石次之，水冲石再次之。水冲石中，九龙璧、黄蜡石等人物石有的会出现五官细节。

东坡肉 内蒙古戈壁玛瑙 苏义吉藏

朱铭木雕太极系列之"单鞭下势"

一般来说，人物象形石更多的还是通过人物的衣饰和头部、身姿等来反映欣赏主题，很难强调五官细节毕现。其实，不重细节、追求神似的艺术表现手法，在绘画、雕塑的创作中也有体现，如国画中的写意就是一种。当代雕塑中也有这种表现手法，如著名雕塑家朱铭（他本人也是一位赏石家）的"太极系列"，大刀阔斧，忽略细节，通过块面来表现人物的形体结构，大都五官不具，但神韵俱在，表明了艺术家彻底摆脱了具象束缚，进入到得意忘象的境界。这与奇石的表现形式非常接近。或者说，某种程度上也是借鉴了奇石的表现形式。

需要注意的是，人物——包括名人也有一个善恶之别，比如伟人与枭雄，虽然形成难度都一样大，但显然人们更乐意接受真善美的人物形象。有意思的是，人物形象之中，有的会经常出现，如寿星、观音之类的虚拟人物，有的则极难见到，如公众人物、影视明星等，这也是奇石神秘性的一种体现。

无生命体征的象形石，除了注重题材讨巧之外，考察其形成难度是很重要的，其实就是一种稀有性，这需要了解有关石种特点、石性特征。比如大多数石种都很难出现规整的几何形状的物体。相对于山石、风砺石而言，水冲石中则更容易出现此类象形石。

寿星　英石　高：36厘米　李金生藏

　　值得一提的是，物以稀为贵的法则在象形石中体现得最为突出。如在人物石中，古代道释类人物出现的频率和概率最大，但有关名人的形象却很少见到，无疑后者的稀缺价值要高于前者。又比如，动物石中的十二生肖（包括造型石和图纹石），常见有鼠、猪、狗，少见到龙、猴，如果要同一石种、相似尺寸收齐一套十二生肖，其难度也是可想而知的。

孺子牛 广西墨石（局部） 高：20厘米　秦石轩藏

秦风汉韵 灵璧石 宽：116厘米　闫中华藏

东坡抒怀 宣石 高：30厘米 祝海勇藏

三星堆神韵 高：60厘米 柳州奇石馆藏

豆沙包 蛋白石 顾光明藏

神驹 内蒙古戈壁石 高：45厘米 昆仑石屋藏

图纹与画面

图纹石多属于二维空间，其审美主要是依据画面的构图而定。按照其加工构成和审美的特点，图纹石又可分为两种，一则为未经加工打磨的原石，往往图纹非一个水平面，带有一定弧度和曲线；一则是完全切割打磨的图纹石，图纹多为一个水平面。

图纹石的图纹，往往是由纹理褶皱图案等形成的。造型石之中，其实也存在一些有图纹感的东西，有的也构成了表现主题，两者之间有时候很难严格区分。如果一定要区别的话，那么，凡是以凹凸纹理褶皱构成图纹主题的，可以视作为造型石，因为其带有三维空间特征，如灵璧纹石、新疆泥石、来宾纹石等；凡是以平面纹理图案构成的，可以视其为图纹石，如长江石、黄河石等。

图纹石的审美主要包括构图、色彩、主题等要素。而图纹石的外形完美与否，也是一个重要指标（俗称石品）。图纹石的外形需要强调形式美，有时候图纹很美，主题很好，但是石头外形欠佳，形式不美，与图纹、主题不合，也是不能认定为精品的。如雨花石品相讲究扁薄端圆，扩而广之，卵石类图纹石大体就可以参照此要求，浑圆端庄，厚薄适宜，无论正

空山新雨后 大理石 宽：50 厘米 云石居藏

层波叠浪 新疆泥石 宽：20 厘米 郑文藏

圆形、椭圆形、正方形、长方形，外形轮廓一般不宜出现突兀的曲直凹凸的生硬线条和缺损块面。切割石一般以几何形状为主，其外形轮廓宜方形、圆形或扇形，或规则几何形状，符合传统中国画欣赏的原理。当然也可以是不规则形状，但大体也应该符合形式美学的原则。

构图是图纹石的生命，特别是以画面感来衡量欣赏的图纹石，我们更多的是参照绘画的表现技法去考量其画面美感的。图纹石的画面与绘画类型比较接近的形式，主要是国画和油画。关于画面（国画）的构图法则，其实传统画论（山水画）已经有非常充分的表述了，大部分都可以借鉴和移用。如布势、主次、对比、均衡、疏密、开合等。特别是，有关山水画构图有按"之、甲、由、则、须""五字法"的结构样式来分割空间，有所谓"之"字是左推右让，"甲"字是上重下轻，"由"字是上轻下重，"则"字是左实右虚，"须"字是左虚右实。

此外，图纹石的构图也可以借鉴摄影的构图形式，包括水平线、垂直线、对角线、曲线、汇聚线、分割线、三角形、开放式、封闭式、L形等多种构图方式。

风流人物 长江石 高：30厘米 田茂荣藏

色彩是图纹石的亮点。一般来说，图纹石比起造型石来，更强调的是其色彩的夺目明丽。但是，色彩图案要与所反映的特定主题内容相契合，色与纹合。一般色彩达到四种以上，就很难得了。当然，如果七彩皆备，即使没有主题内容，也属非常难得。与绘画的色彩相比较，图纹石的色彩大多是间色、过渡色为主。

目前，国画石中最经典的莫过于草花石和大理石。如广西的草花石，又称国画石，产自于广西来宾市武宣县，形成于四亿七千万年前的古生代，故又称古生石画。草花石图纹的产生，是由于各种致色矿物溶液沿石头的节理裂隙及毛细孔充填，在一定程度风化的情况下，呈现出绚丽多彩的色纹，有的轻描淡写，有的浓墨重彩。有时候还会呈现太阳和月亮图像，这大多是单体珊瑚或海百合茎化石被横切面的结果。

酒香流韵 大渡河石 宽：52厘米 蔡国萍藏

春江水暖 盘江石 宽：20厘米 齐兴宇藏

特别是云南大理石（以水墨花品种最为典型），其色纹的流动感以及大片的留白所呈现的，完全就是中国山水画中墨分五色的特征。自晚明以来，倍受文人画家的青睐，旅行家徐霞客更是予以了极高的评价："造物之愈出愈奇，从此丹青一家，皆为俗笔，而画苑可废矣。"清代著名文学家、书法家阮元则将它径称为"石画"，撰有《石画记》，在《论石画》一诗中有此感叹："惟此点苍山，画工不得比……始叹造化奇，厌却绢与纸。"大理石成为国画石中最具文化内涵和代表性的石种。点苍山大理石目前已经封矿多年，前些年在山上滚落于山下河谷的大理石（河底石）图纹中，有不少更似油画，画面和色彩丰富而又浓烈，迥别于山上的大理石。

二十四桥明月夜 广西国画石 宽：30厘米 黄晓民藏

应该说主题是图纹石的灵魂。图纹石所反映的主题，大致包括具象、抽象、文字等类型，无论何种呈象表现，都是以点、线、面、块的自由搭配组合而成。其中，类绘画（包括名家书画）最为难得，也就是以艺术审美的规律来观照，包括物象构图和经营位置等，如果越是接近名家作品，便越有审美价值。比如文字石，如果简单地像汉字，只是最基本的要求；如果像（四体）书法作品，那么其价值无疑就更进了一步；要是像名家作品，无疑其价值就会更高。主题的重要性程度，或者说吉祥向善程度越高，其价值无疑也越高。传统国画山水为上，西洋绘画人物为上，前者反映出师法造化的情结，后者体现了人本主义的精神。作为东方赏石的代表，图纹石大体应该服膺于传统国画的创作理念，以山水为上。

山水主题的图纹石构图，完全可以借鉴山水画的审美标准，画面要以小见大，南朝宋代宗炳的《画山水序》中就提到了山水画的缩景之妙："竖画三寸，当千仞之高；横墨数尺，体百里之迥。"山水画还讲究要有深邃的意境，体现出诗情画意。现代国画大师李可染曾经指出："意境是艺术的灵魂，是客观事物精粹部分的集中，加上人的思想感情的陶铸，经过高度艺术加工达到情景交融。借景抒情，从而表现出来的艺术境界、诗的境界，就叫作意境。"传统山水画中的散点透视、虚

大理石著名品种"水墨花"

华之笔魂 长江墨画石 高：37 厘米 郭考军藏

实处理、计白当黑、意象造型等技法，就是使画家在意境构成上获得了主动权，打破了特定时空中客观物象的局限，同时也给欣赏者提供了艺术想象的空间。图纹石中的山水画面，大凡有意境的都可以从古典诗词和名家作品中寻找到命题的灵感。这方面，雨花石和大理石这两大图纹石堪称典型，自明清两代以来，以诗情画意

一蓑烟雨梦徽州　广西大湾石　宽：12厘米　大旺藏

品题蔚然成风，且成为一种传统并绵延不绝。可以这样说，有没有诗情画意，是判定图纹石（山水）画面优劣的重要标准。

在图纹石具象画面之中，包括人物、花木、动物、器物等。人物图像无疑是具象石中的最高等级。所谓人物，又以历代名人（包括神话传说）为上。除了形似之外，更强调神似，如同国画人物创作所主张的气韵生动、形神兼备。包括其他有生命体征的物像等，都应该以形似为本，神韵为上。甚至有时候，人物五官细节之有无或者逼真与否，均可以忽略不计，关键在于是否有神韵，包括抽象（意象）画面石，也特别需要注重神韵这个重点。

值得一提的是，在图纹石之中有一些是以具象的物种（花木居多）为主要呈象特点并命名的，如菊花石、牡丹石、荷花石、梅花石、芙蓉石、草花石、模树石等。如长江石中的芙蓉石（非宝石中的芙蓉石），是指产自四川、云南金沙江流域的一种图纹常现芙蓉花似花瓣状的长江石，色彩多呈紫、红，产出很少，故以其图纹的稀有、美观、喜庆等特点为人所重，成为了一种

花开富贵　长江芙蓉石　高：14厘米　杨焱藏

特定的石种。有的石种则带有一些普遍性特征的图纹呈象，如广西水冲石中的草花纹，云南黄蜡石中的哥窑纹、水草纹等，都是比较突出的图纹主题。这类画面除了强调对比清晰、色纹相合以外，构图完美与否是一个很重要考量。

睡莲 四川长江石 宽：18厘米 李艳菊藏

江山如画 潦河石 宽：22厘米 陈国华藏

神韵与意境

神韵与意境是评价艺术作品上乘与否时经常运用到的标准，也是传统文化的一种独特密码。观赏石之所以强调意境和神韵，实际上就是表明了观赏石的鉴赏与传统诗词书画，以及现代雕塑艺术之间的密切关系。这也是东西方赏石的本质区别。比如雨花石，西方人眼中只是五彩缤纷的玛瑙而已，而在历代文人雅士眼中，雨花石是唐诗宋词的化身，是传统绘画的浓缩，两者不可同日而语。

归帆去棹斜阳里 雨花石 高：7厘米 孙福顺藏

意韵，是指一种能令人感受领悟、意味无穷却又难以明确言传、具体把握的境界。意境是意象的升华，是指抒情性作品中所呈现的情景交融、虚实相生的形象及其所引发和开拓的审美想象空间。

苏州留园镇园之宝太湖名石"冠云峰"

　　以天然岩石为审美对象的东方赏石，就如同传统诗词书画那样，其最高的审美境界就是神韵与意境（简称意韵）。所谓意韵，不但是石头的自然要素所引发的感悟，而且更是其人文要素所触发的认知，比如命名、配座、演示、传承等等。或者可以说，韵意的存在是对于观赏石的自然要素和人文要素（包括人文环境）相结合的一种认知和感悟。比如，古典园林中的置石立峰，往往与周边的环境相辅相成，两者密不可分，故不能完全脱离环境去感知其韵意。

　　观赏石作为一种"发现的艺术"，其深度的"发现"就是其意韵的发掘，最终通过"表现"来完成"美的历程"，而这往往与发现者的学历、经历、阅历、游历等有关，作为发现者，必须熟谙生活和艺术，具有相当的想象力和发散性思维，对于日常事物具有强而敏感的体悟，熟悉乃至掌握与赏石原理相关的旁类学科，如美学、历史、地理、民俗、文学、艺术、地质等，做到触类旁通，灵活运用。对古今中外的各种艺术流派和特点，要有所了解。古今经典诗文和历史典故，要有所掌握。特别是有关艺术创作的原理，更要有所领悟。这些，可以说是能否发掘有关观赏石意韵的前提。

　　当代赏石无论如何发展创新，都离不开其根本，也就是传统的诗词书画艺术。因为宋代以后有关赏石审美标准的评判，大都是书画家总结得出的，包括许多书论、画论中的见解，都可移作赏石审美观。赏石其实被视为与书画互为相补的一种艺术形式，现代西方学者甚至把古典赏石（称之为"文人石"）视为一种可与传统书画并提的（抽象）雕塑艺术品。

呐喊 长江石 宽：16 厘米 方远藏

　　以天然岩石为审美对象的东方赏石，如同传统诗词书画一样，其最高审美境界就是意

山高月小 灵璧石 宽：30 厘米 金炜藏

钟馗　黄河石　高：35厘米　赵跃武藏

境，即神韵的发掘，就是观赏石形、质、色、纹自然美的一种深度发掘，一种人文开拓，一种含英咀华，一般以情景交融、形神兼备、气韵生动、内涵丰富、意境深远、格调高雅为佳。它体现但又不限于题名、配座、组合、演示、赏析、传承等人文"表现"手段。

观赏石韵意的产生，是主体（人）与客体（石）高度融合的一种赏石境界。比如观赏石有禅石之说，毫无疑问，禅石是具有独特韵意的石头。至于禅石的呈象有何特点，可谓众说纷纭，有的甚至就将像禅僧一类的象形石称作禅石。虽然说"石尤近于禅"（明·林有麟《素园石谱》），但其实只是指石头的"教外别传，不立文字"，这似乎与禅宗之要旨最为贴合，即所谓"石不能言最可人"。但是，并非所有的石头皆可称禅石。我以为，只有让人看后能够进入一种冥想和体悟状态的石头，才称得上是禅石。如果说，一般的观赏石仅仅是让人停留于目悦（感官刺激）的话，那么，禅石的要旨便是心赏（内心感悟）。

从韵意来看，在林林总总的观赏石大家族之中，有一些石种是具有独特艺术韵味和表现效果的，个性特征更为分明。它们有的以奇特的纹理取胜（如新疆泥石），有的以独特的肌块取胜（如广西石胆石），有的以瑰丽的色彩取胜（如内蒙古沙漠漆）。尤其是近年来新开发的一些石种，其艺术韵意表现往往更为强烈，这似乎也是观赏石向主流艺术品靠拢接轨的一种趋势。比如，江西潦河石和陕西陈炉石。潦河石以黑白灰三色为主，其凹凸纹理往往成景入图，具有水墨画的表现效果，或朦胧或清新，有景深有光影，意境深远，表现多元。又如陈炉石，其肌理具有浮雕样式的表现形式，效果类似汉代画像石，深沉古意，神秘莫测，魅力独到。

岫云 江西潦河石 始北山房藏

老子 陈炉石 高：20厘米 景男藏

再如，以瘦、皱、漏、透为造型结构特征，以抽象审美为取向的古典赏石，早已成为了一种经典样式。当代抽象审美特征比较突出的石种，当以广西摩尔石为代表，其线条简约流畅，块面凹凸有致，开阖自如，似与不似，与西方现当代抽象艺术雕塑（亨利·摩尔创作的雕塑）样式十分接近。又比如，在造型石的主题之中，当以景观中的砚山（笔山）

彩云归 广西三江石 宽：52厘米 梁亮藏

造型最为经典，这也是室内案几赏石之起源。就这些经典样式而言，其本身就具备了一定的韵意和一定的内涵，故顺理成为了观赏石中一种有意味的形式。

观赏石的意韵发掘，需要特别注意其题材的吉祥意涵、民俗意义和象征意味。中国人喜欢将"期盼"含蓄地表现在某一种具体的事物中，尤其是人们所向往的福、禄、寿、喜、财等祈求，通过象征、谐音、表号等方式，寓意于事物和艺术之中。所谓图必有意，纹必吉祥。比如博古画和清供图所反映的，其实就是一种吉祥文化，其中许多器物、玩好都有特定的象征（吉祥）意味，是一种形象化了的符号。比如，蝠和佛手表示"福"，鹿或香炉表示"禄"，松与蟠桃表示"寿"。至于石头（奇石），往往被视为"寿"的象征。从某种程度上说，奇石既是长寿的一种表意符号，也是从属于传统吉祥文化范畴的宝物。过去有许多与祝寿相关的图案纹饰，都有奇石的身影。比如群仙祝寿，通常是水仙花与奇石（太湖石）的组合。因此，观赏石所表现的对象是否具有吉祥意涵、民俗意义和象征意味，也是发掘其意韵的一个重要方面。比如鞋子，传统民俗之中鞋谐音"邪""谐"，单只鞋靠墙寓意"辟邪"，一双鞋放在一起寓意"和谐"。鞋子还具有"千里之行始于足下"

洞天神韵 灵璧石 高：73厘米 朱保成藏

等意味。所以，它既是物质的，又是精神的，是否具有文化内涵，这是我们在发掘观赏石主题以及意韵的时候要特别留意的。

记得2014年6月上海得云轩办过一个小品暨组合石邀请展，当时柳州大湾石赏玩协会首次组团参展，参展的两方大湾画面石十分引人注目。一方是八哥画面的"八大笔韵"，鸟儿做打盹状，类似八大山人画意；一方是喜鹊画面的"反哺"，作信步状，徐悲鸿画意。两者尺寸虽然都不到10厘米，但主体突出，画意极佳，神韵俱在，演示到位，可谓各有千秋。

八大笔韵　广西大湾石　陈善良藏

依我所见，画面石要达到如此神似名家作品也是醉了，这在其他石种里也颇不多见。评奖时，大家也没有忌讳两者题材类似、石种相同，因为都是天工造物、经典之作，各有千秋、难分伯仲，所以就都给了金奖。为此我还仿"诗经体"写了几句："喜鹊八哥，天生良偶。灵物善变，豪放含羞。平分秋色，环肥燕瘦。好事成双，友声相投。"

八大山人《枯木来禽图》

时过境迁，许多石友对于那只八大山人笔下八哥画意的大湾石却记忆犹新，我也一直在留意八大山人的画中究竟有没有这样的八哥。两年之后我果然在八大山人《枯木来禽图》上，见到了这只八哥的形象。画家描绘了两只八哥栖息于枯枝上，其中一只作梳羽打盹状的八哥，与大湾石"八大笔韵"中的八哥形象如出一辙。

小品组合石作为一种艺术创作，大多也是遵从或是取法了传统书画艺术创作的样式和模式。也是在这次小品暨组合石邀请展中，还有一件获奖作品就是内蒙古硅化木组合《喜上眉梢》，两方小品风砺硅化木形态神似喜鹊，藏家和制作者参照名家画意，成功演绎了"喜上眉梢"的故事。硅化木少见象形物，配对更难，底座枯树的选取也颇具匠心，留有俏色树皮，两只喜鹊于枝干一上一下，互为呼应，极为传神。这类构图样式，在现代国画大师徐悲鸿《梅花喜鹊》（香港苏富比2012年秋拍会拍品）的作品上能够印证。

　　小品组合石的主题发掘和创作，除了主要借鉴名家诗文、书画作品及其典故之外，还有待于藏家和创作者对于现实生活的"干预"。如有一组知名度颇高的组合石作品《战争与和平》，分别是一方长江绿泥石和一方内蒙古盘丝玛瑙，体量相仿，色泽和质感反差强烈，长江绿泥石为钢盔造型，上面还有类似弹坑痕迹，内蒙古盘丝玛瑙为和平鸽造型。两者原来风马牛不相及，藏家各自做了底座。2003年3月20日，伊拉克战争爆发后，引发了各国民众包括藏家的关注，他忽然想到了"战争与和平"的主题，先是将这两方石头做了简单组合。后来，为了强化主题，他又购买了一套俄国著名作家托尔斯泰的名著《战争与和平》和两方奇石一起置于博古架上，这套世界名著书脊上的书名十分醒目，让人一目了然，自然而然地联想到组合石的寓意。这是组合石创作"混搭"的一次成功尝试，也是石界对于时事的一次"涉事"，影响深远。

　　此外，凡是观赏石的表现主题与形式，都和古今中外著名艺术作品相似甚至是相同的，也是具有相当高级的韵味的，故尤其值得重点关注。比如摩尔石的样式，与英国现代雕塑家亨利·摩尔的作品十分相似，乃至有的简直就是其翻版，这就具备了在赏石领域中独一无二的意韵。

现代徐悲鸿国画《喜鹊梅花》　香港苏富比拍品

喜上眉梢　内蒙古硅化木组合　杨青山藏

战争与和平　四川长江石和内蒙古戈壁石等组合　赵德奇藏

春江水暖 九龙璧 宽：20 厘米 薛云生藏

梦回周口店 来宾水冲石 高：28厘米 何卉藏

玄鸟 灵璧纹石 高：25厘米 秦石轩藏

八大移情　内蒙古戈壁石组合　陈锦年藏

生灵 陕西陈炉石 宽：23厘米 倪国强藏

神龟 灵璧纹石 宽：192厘米 朱晓华藏

古石与传承

老友丁文父编《御苑赏石》（生活·读书·新知 三联书店2000年版），首次系统地梳理和研究了元明清几代京城宫苑里的置石，尤其是判别其入座年代——元、明、清三代皆有，这是最为重要的发现和研究。不过，也有缺憾，那就是在紫禁城收录的，除了御花园、宁寿宫之外，没有收录建福宫。因为建福宫花园自从1923年6月26日遭遇火灾之后，就一直是片废墟，直到1999年才得以在废墟上复建，并于2005年竣工。建福宫复建竣工后，主要用作接待各国高级贵宾，以及举办文博学术交流活动等，并不对公众开放。此外，景仁宫、永康宫庭院中的两件明代大理石大座屏也没有收录其中。

故宫景仁宫内明代大理石大座屏

建福宫一般游客是不得其门而入的，我也是直到2017年11月才有缘应邀进宫参观。应该说建福宫无疑是紫禁城中又一处重要的置石场所，其中以须弥座形式置石，赏石与台座俱全的有12处之多，以英石、石笋石为主，多为乾隆年间所置。另外无座的完整赏石也有几方，其中惠风亭中置立的一方元代江南名士顾阿瑛"玉山草堂"旧藏的灵璧石"造云石"最为知名，按照石上题刻，最早为元至正十年（1350年）题刻，堪称是紫禁城中最早的一方有确切纪年的古石。

故宫建福宫中的英石供置

故宫建福宫惠风亭中置立的"造云石"

　　这方赏石，造型如"嵌空飞翥"，两面可观，飘然欲飞，色泽灰褐，叩之有铜鸣之声，清宫名之为"铜变石"。石之额间有元代文人杨维桢题刻"造云"二字，石上有多处题刻，题刻之多，名头之大，堪称传世古石中的孤例，计有元代的杨维桢、张雨、郑元祐、顾阿瑛，明代的董其昌、张诗、顾璘等人，都是一时名家。据清宫陈设档记载，该石最早在道光十九年已经置于此处，原来还有花梨木底座，如今底座早已佚失。这方古石，曾经在故宫举办的"四僧书画展""赵孟頫书画特展"等场合站过台。2021年12月，苏州博物馆举办"元代的江南"特展，这方古石首次应邀出宫，也是展览中唯一的一方古石，被置于展览中最重要的位置。

苏州博物馆"元代的江南"特展进口处的"造云石"

　　《御苑赏石》中收录了一方"清代中期变体须弥座结晶石"，供置于宁寿宫花园抑斋前，石头本身不大（高43厘米），底座却十分夸张，台面中央有圆雕底托将奇石高高举起，台面浮雕海水江崖，各种海怪出没其间，十分奇特。这方"结晶石"是何方神圣，能得以如此待遇？也是阴差阳错，2012年末，去故宫博物院参观，那天中午在宁寿宫花园的抑斋院落中，第一次见到了这方奇石。这方石头为白中闪黄的石英状结晶体，结晶体类似柱状，乱中有序，莹白色肌理玉化程度颇高，其中局部还夹杂有米黄色灯草细条状。当时便有了宣石的判断。这方宣石整个造型粗看似景观，细察则似回首的卧马，颇为少见。按照底座纹饰推断，或许是将石头视作为海兽之类。这也是御苑赏石之中唯一的一方宣石。

抑斋位于宁寿宫花园第一进院内的东南角，是乾隆三十七年（1772年）所建的书房。这方宣石

"造云石"局部拓片　故宫出版社供

的底座，大致也是当时所制，足见乾隆对于此石之重视。

故宫宁寿宫供置的清代宣石

宣石产自皖南山区，交通不便，成名较晚，数量较少，传世不多，故识者更少。最早见诸明代计成《园冶》一书："宣石产于宁国县所属，其色洁白，多于赤土积渍，须用刷洗，

才见其质。或梅雨天瓦沟下水，冲尽土色。惟斯石应旧，逾旧逾白，俨如雪山也。一种名'马牙宣'，可置几案。" 著名如扬州个园四季假山之冬山，就是完全以宣石堆叠，给人以一种寒风凛冽、积雪未消的感觉，这也是传世最大的宣石巨制。此外，清宫紫禁城中养性殿西暖阁香雪室中，也有乾隆年间堆叠的宣石假山。一般则体量不大，孤赏单点的并不多见，常作盆景陪衬。如《红楼梦》第五十二回中介绍林黛玉闺阁："暖阁之中有

扬州个园四季假山之冬山　宣石

一玉石条盆，里面攒三聚五栽着一盆单瓣水仙，点着宣石。"

宣石也算是古代名石之一，但由于晚清以来近二百年的战乱等原因而开发停滞，曾几何时一度绝迹，记载阙如，许多人只闻其名，不识其石。比如，集古今赏石文化之大成的《中国石谱》（中华书局2016年8月版）收录有《中国观赏石资源分布》，其中收入有岩石类691种，却将宣石"遗忘"了。

2016年底，应邀去安徽宣城参加首届中国·宣城赏石文化博览会，主人安排到宣石产地宁国南部山区南极乡访石。这里属于天目山北麓，与浙江临安毗邻，盛产山核桃，"宁国山核桃"已经成功申报注册了地理标志证明商标。有意思的是，据当地农民介绍，一般有山核桃树的山上多有宣石赋存，这也成为他们挖掘宣石的一个捷径。说来也巧，这次在宣石产地遇到了宁国市观赏石协会理事吴长宝，他也是一个有心人，看了我曾经在"石界"公众号2016年6月11

中国宣石精品（上海）展

中国宣石精品（上海）展展品　仙人居　赵跃武藏

日《那些被误读的"古石"》的文章后，就再度去故宫实地考察，确定了宁寿宫花园抑斋前这方"清代中期变体须弥座结晶石"为宣石无疑。而后，宁国市观赏石协会新编《宁国赏石》一书，也收录了这方乾隆时期入宫的宣石。

更意想不到的是，这些年宣石的名石重光还诞生了"副产品"。前两年在辽宁本溪南芬区的长岭新发现的"本溪石"，因质地结构特征类似宣石，被称作为"北宣""彩宣"，与"南宣"相呼应。本溪石也是显晶质石英岩，以粉白色多见，常杂以青色块面，造型多为薄片状，与皖南宣石稍有差别。

观赏石从收藏年代划分，可分为古代赏石和当代赏石。习惯上将1949年之前入藏的奇石称为古代赏石。其中又可以分为室内赏石（如文房赏石）、庭院赏石（如御苑赏石）和园林赏石（不包括叠石）。古代赏石一般被视作古董在玩赏，而不是作为奇石本身。明代造园家计成在《园冶》一书中，对于当时好事者"慕闻虚名，钻求旧石"就颇不以为然，认为这是在玩古董，而不是在玩石头，他对石头之新旧有过这样的见解：石头埋在土中或裸露于野，餐风沐雨，这便是旧石；而从土中挖出来放进厅堂供奉起来，这就是新石。

古代赏石往往会与古典赏石混为一谈。所谓古典赏石，是一种样式，与年代、石种无关，而古代赏石是一种年代划分。古代赏石的特征带有多样性，正如宋代诗人苏东坡所言："天地之生我，族类广且蕃。"（《咏怪石》）但无论如何，其主流还是以"四大名石"为代表的古典赏石。这可以从传统的绘画、工艺美术（包括当代艺术）等领域在反映赏石主题时，一致都以"瘦、漏、透、皱"为主要素材一窥全豹。从某种程度上讲，具有瘦、漏、透、皱特征的古典赏石，虽然并不符合形式美学的诸多原理，但它与古代文人士大夫的道德观念都有着种种相通之处，更像是一种观念的艺术。这也很容易解释为什么古典赏石在近代以来日渐衰微，因为它越来越不符合现代人的审美趣

敦厚积成 英石 高：80厘米 泰祥洲藏

清 高凤翰铭"小方壶"崂山绿石 长：32厘米 上海博物馆藏

味。伴随着传统文人士大夫阶层退出历史舞台，古典赏石也渐渐失去了生长土壤。

20世纪80年代以后，由于玩赏奇石之风的复苏，灵璧石、英石等古典供石，又重新进入了现代人的视线。1985年，古典赏石以其不凡的形象和不解的意味吸引了西方艺术学界的热烈讨论和收藏界的追捧，他们将其视为抽象雕塑艺术品，而抽象艺术在现当代西方艺术中是占据主导地位的，由此，古典赏石在西方主流社会俘获了众多的拥趸者。这股"文人石"（西方人称古典赏石为Scholars' Rocks）的收藏热一直延续至今。即使在当代艺术的类别中，"文人石"那种充满抽象和表现意味的韵致，也给艺术家们带来了创作灵感，比如北京雕塑家展望的不锈钢雕塑"假山石"系列就是一例。

当代展望不锈钢雕塑"假山石No.116"

有一个典型案例，足以说明中国古典赏石与西方现代收藏的关系。迄今为止中国古代艺术品拍卖的世界最高纪录是一幅画石长卷——明代吴彬《十面灵璧图卷》（画心55.5厘米×1150厘米；题跋55.5厘米×1132厘米）。2020年10月18日北京保利拍卖十五周年庆典拍卖会"十面灵璧山居藏书画赏石专场"，以5.129亿元人民币成交。此幅古画曾经有在1989年12月纽约苏富比以121万美元的高价成交记录，归美国出版商、收藏家比尔·兹夫（Bill Ziff Jr.）。兹夫伉俪原来主要收藏大洋洲与非洲艺术、美洲土著艺术，自从拍得明代吴彬《十面灵璧图卷》后，开始将收藏重点转移至中国古代瓷器、书画和家具，包括古典赏石，蔚为大观，享誉藏界。他的藏室称作"十面灵璧山居"，也是为了纪念得到《十面灵璧图卷》。

《十面灵璧图卷》是一幅类似西方素描写真的水墨作品，笔触具体而微，充满一种奇幻神秘色彩，属于晚明变形主义的国画作品，在传统笔墨外，又参以几何原理、音律节奏、五行之说，这在古代绘画中极为罕见。作品所表现的这方"十面灵璧"（时人称之为"非非石"），据藏石主人书画家、藏石家米万钟在画中题识，这方奇石高一尺九寸五分（约合64厘米），宽二尺一寸三分（约合70厘米），厚一尺一寸七分（约合39厘米），比例十分和谐，大小九个峰头，前中峰山巅的白色筋脉"宛如华峰冻泉，峨眉古雪"，而且每座山峰"各具一响，叩则八音迭奏"。最奇特的是，石头虽然面面出景，底部却是自然平整的天底，极为罕见，是古代灵璧石中的神品。

吴彬详尽描摹了奇石的十个观赏面，分别为前正面、后正面、左正面、右正面、前左侧、前右侧、后右侧、后左侧、前观底、后观底，每一画面均配有米万钟的题识，娓娓道来均为其精彩之处。十幅画石结构奇崛，笔触细腻，线条诡异，细节毕现，致广大而尽精微。

这方古代奇石画作之所以前后两次皆拍得善价，一方面固然是因为画家和诸多题跋书家皆为晚明名家，来由清楚，而且尺幅很大；最主要的还是画作所描绘的奇石题材，可谓异想天开，画石所带有的写实主义精神和表现主义色彩，堪称画石之绝唱，既有古典性，又有当代性，古今罕见同俦。由这幅画石的天价成交，也带动了一波古石拍卖行情的升温。

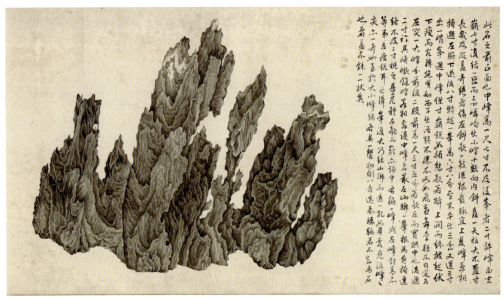

明 吴彬《十面灵璧图卷》（局部）

有意思的是，在北京保利拍卖十五周年庆典拍卖会"十面灵璧山居藏书画赏石专场"之前的9月下旬，北京保利艺术博物馆举办了"岩壑奇姿——吴彬《十面灵璧图卷》特展"和吴彬《十面灵璧图卷》特展学术研讨会。在"奇石与图写——《十面灵璧图卷》和中国的赏石鉴藏文化"议题环节，参会嘉宾对于画作中的石头究竟是何石种、是否就是灵璧石，莫衷一是，因为米万钟在画上题跋中并没有明确这是什么石种。但细读画作题跋中明代陈继儒、李维桢的说辞，我认为应该就是灵璧石，只不过确实是古今罕见之品。

在沙龙讨论中，保利拍卖高级专家李雪松说，有海外朋友发给他一张米万钟的山水画照片，局部山水皴法取自吴彬《十面灵璧图卷》中画石的部分，而且米万钟在画中题跋上明确提

明 米万钟《岩壑奇姿》 北京保利拍品

到，这是一方灵璧石……真是踏破铁鞋无觅处，得来全不费功夫。在12月5日举行的北京保利2020秋季拍卖会"仰之弥高——中国古代书画夜场"，这件米万钟1610年作《岩壑奇姿》立轴设色绢本（132厘米×57厘米），以954.5万元的成交价刷新了这位晚明书画家作品拍卖的最高纪录。这也是由吴彬《十面灵璧图卷》的拍卖而引发的后续影响。

米万钟在《岩壑奇姿》题跋中写道，画上的山峰是依照一方自己所藏的"古灵璧石"的局部山峰的造型、肌理而描摹的，而且自许为生平得意之作。从其描述的这方灵璧石的大小和具体特征来看，应该就是这方"十面灵璧"。古代画家有不少山水画作，是借鉴乃至直接模仿了赏石的造型和肌理的，包括山峰的许多皴法，也都是直接来自山石的肌理，但并没有哪位画家指出过具体是模仿那方奇石而作，米万钟的这幅画可谓开创了先例。对比之下，吴彬《十面灵璧图卷》中的画石倒是可以找到对应的部分的。

即使在今天，收藏古代赏石更多的是古玩圈的人士，而不是赏石圈人士。比如在西方，收藏中国古代赏石（包括古典赏石）的大多都是热衷于中国传统文化和古代艺术品的人士，而真正的赏石圈人士则大多是从盆景界中游离而出，因其赏石理念深受日本水石文化的影响。在艺术品收藏界，古典（包括一部分古代）赏石早已跻身于东西方的相关博物馆和拍卖行，但它往往被归类于古玩杂项（其中灵璧、英石一类被归为玉石器，大理石屏被归为家具类）而不是观赏石本身。

古代赏石由于其具有的文物价值，不同于一般的观赏石。古代赏石鉴别，特别是断代，有相当难度。如美国已故"文人石"收藏家理查德·罗森布罗姆一样，许多中外收藏家乃至典藏机构、拍卖行，时将新石（做过旧的）混同于古石。因为古代赏石大都没有流传有绪的记录，也没有考古发掘的相关标准器物相佐证，而且任何科学仪器都只能测定赏石的自然年龄，无法测定赏石的赏玩时代。此外，古代赏石的底座与石头赏玩年代不符的现象也比比皆是，现在流传下来的古代赏石许多是没有旧座的，更谈不上是原配底座了。一则是前人玩石，并非件件奇石都要配座，这与玩赏的方法有关。如米芾当年玩赏灵璧小石时，都是随身携带置于袖笼中的；而许多供石（如砚山）因本身底子平整可直接置放几案上，也不需配座。而且在明代以前，赏石的底座大多是水盆的形式，所以往往也无从判断原配的问题。即使是有旧座的老石，包括刻铭，是否为当初的原配，也是很难判断的，特别是名人铭题的多为寄托款或是臆造品，少有文献书证相佐证。比如清代也可以制作一种明式底座配石。所以，以底座（包括刻铭）的年代去推测奇石最初的赏玩年代往往会有很大的偏差。

传世至今的古代赏石，大多为明清两代之物。其底座不同之风格，与明清家具之别有点

清 "襄阳无语"铭砚山 英石 上海博物馆藏

类似，可在鉴别时作为参考。从明代《素园石谱》以及同时代其他文献图绘可以看出，明代赏石底座都以简洁线条为主，没有任何装饰雕刻，也没有高脚座。有的有束腰，变化主要在足部，有如意形、卷云形、圆形等。有的明显是从盆座演变而来的。所谓疙瘩、树瘿及乳丁纹，都是清代样式。清代底座注重形式，追求奇巧，以装饰雕刻见长。

古石鉴定中有无原配底座至关重要，需要看落榫处的包浆，包括赏石本身的包浆。但实际上，很多赏石的底座虽然有年纪，包浆也老，可是也很难判定其是否为原配，比较常见的如鲁作赏石底座，样式类似供桌，原来并不是赏石的专用底座，有的是仿照园林石制供桌，常见是一种多用，很难判别是否原配。

另外，在古石的鉴别中石种也是一个重要的研究选项。因为古代石种的开发不像现在那样无远弗届，南宋杜绾《云林石谱》收录的石种不过百余种，古代传世的赏石不过二三十种，而当代已经开发的岩石类石种有八九百种之多。有些当代赏石，做旧包浆后冒充古石。如果认识和掌握了古今石种的类型，便不难鉴别。

安徽宿州博物馆藏古灵璧石 （王占东摄）

古英石

砚山　灵璧古石　"子京"款　癖石斋藏

古菊花石　美国罗森布鲁姆旧藏

现代国画大师张大千也是一位爱石家，他的爱石之情老而弥笃，从中年一直持续到晚年。他的大部分藏石，至今尚存故居"摩耶精舍"的庭院和内室。画家早年曾经手书对联："与奇石作兄弟，好鸟作朋友；以白云为藩篱，碧山为屏风"，可见其癖石之深。张大千画过米芾拜石题材的国画，偶尔也画石，不过大多是赠送友人或是与藏石家交换奇石的。

如张大千1974年所作《奇石图》镜心设色纸本手卷是画给友人、名医张百塘的。画中四块奇石排成一个平面，变化微妙，浑然天成。从画跋中可以得知，画家和医师同有石癖，医师治愈了画家的感冒，并赠送了几方爱石。画家回到美国洛杉矶附近的"环荜庵"中，睹物思人，对石写真寄赠医师，以志纪念。由此，张大千石痴的形象愈发生动起来了。

曾经看到过几幅张大千与朋友们一起赏石的照片，其中有一张照片上面的一方黄蜡石，还出现在拍卖市场上（"清·张大千赏玩黄蜡石供石摆件"，先后出现于西泠印社2014年秋季拍卖会、中贸圣佳2016年春季拍卖会、西泠印社2020年秋拍会）。石因人贵，最终获得善价。

张大千与友人一起赏石的照片，原来发表于2000年7月台湾当地的《艺术新闻》上，图照说明为"70年代张大千在台北与好友一起赏玩雅石"。

张大千赏玩过的黄蜡石供石摆件

这方石，我在西泠印社2020年秋拍会预展时曾经上过手，石头蜡黄色，因为年久包浆，略带一些暗黑，造型呈山子状，轮廓线柔和饱满，有一定厚度，比例协调，正反面石表颇多蜂窝状洞孔，有几处大洞连络相通，如沟壑纵横，峰峦叠起，类似喀斯特地貌。底座为原配，材质似楠木，表面髹漆，样式类似根雕，带有如意云头纹饰。这方黄蜡石，究竟是清代遗物，还是近代的，很难细辨。实际上，清晚民初两个时间段非常近，赏石底座和包浆两者往往也难解难分。

类似这样有确切图照证明时代或者主人的传世老石头，其实是非常少见的。艺术品市场上常见到的古石，都是属于"讲故事"的，有的可能靠谱，但大多不可采信。

锁云 灵璧古石 高：29厘米 "黄易"款 北京保利拍品

另外一位现代国画大师黄宾虹，也是一位好石之人。他的国学功底非常深厚，古玩字画鉴赏水平极高，曾经长期在上海的出版社做编辑，与国学家邓实编过《美术丛书》（上海神州国光社1911年初版），极为畅销，为20世纪影响最为深广的中国美术论著丛编，其中收录了各种古代艺术著述达280种约

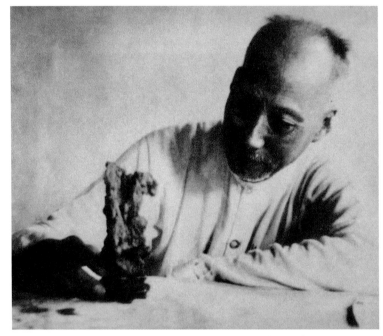

现代学者、画家黄宾虹20世纪30年代在赏玩灵璧石

300万字，依"书画、琴谱、篆刻、杂技"四部分类法，细分为"书画类、雕刻摹印类、瓷铜玉石类、文艺类、杂记类"，书画为主，旁涉其他，包括赏石，视野开阔，情趣博雅，以"大美术"理念统揽全书，影响深远。其中就收集了不少古代赏石的笔记文献。这也是赏石文献首次跻身于美术领域。

同时，黄宾虹也是一位收藏家，以古玺印、玉器为主，蔚为大观（1955年，黄宾虹将书画作品和所藏文物10450件悉数捐献给了国家）。他喜好奇石，《黄宾虹年谱》中1937年5月5日记载了一段他的购石经历："上午购得宋坑黄皮灵璧石，甚自珍（新获宋坑黄皮灵璧一拳，天然丘壑，极透瘦皱之妙，其音铿铿，自比宋人之宝燕石，无以逾之……）"曾经看到过他早年玩赏灵璧石的照片以及书翰，其中写道："鄙人于古物最喜宋坑灵璧卷云小石，一拳而具千岩万壑之致。次则周秦铜玉古印，次则宋元明人书画。"可见，奇石在画家心目中所具有的重要地位。他的画石也是惊鸿一瞥，偶有所见。

如果说，古代赏石是因为人文因素的赋加而身价倍增，特别是名人（铭题）收藏过的。当然，名人因素虽然增加了附加值，但并不等同于其观赏价值更高一筹，有的名人并不熟谙观赏石品质的高低，有的更是不通石理，需要具体情况具体分析。

宋米襄陽得江南李後主研山著於陶南村輟耕錄此石流傳明代歸新安
許文穆之歸秀於朱文恪清康熙中猶在文恪曾孫竹垞檢討家王漁洋於古
藏書屋觀之為作七古詩坿以截句寄竹垞云南唐寶石卻灰餘長與幽
人伴著書青峭殿峯無恙在不須淚滴玉蟾蜍後為崑山徐司寇辭去竹
垞閣學曾於羅兩峯觀音庵見之謂借此石至蘇米齋為之改裝相伴
十日屬兩峯為作圖以補仲生之蹟又邀同時諸公為詩以隨王朱譜前輩之遺
韻研山橫逕七寸八分高低凡六峯其石之第一峯截然突起微類筍形頂有
竅六曰玉筍峯第二峯曰方壇下瘦上廣方平瑩潔故名焉一小峯附其下龍池在
第一峯高四寸餘峯峭挺立勢若羣旗曰華蓋峯稍下為月岩圓寶相通其左
之第二峯斜連坡陀後漫前俛第二峯崢嶸出高不及三寸有數十仞之象亦
有小寶嵌空其第三峯則與華蓋峯相連而岡阜橫野曰翠巒者是也龍池在
其下滴水少許經句不竭下洞在方壇之趾上洞擴華蓋之麓下洞三折可達上洞色
墨而有光贊峴兕紫蒡無餘鑿痕望之若翠滴裹陽所謂不假雕琢渾然天成者也
丹翁先生喜風雅能詩歌嘗運新安游吳越於許文穆朱文恪徐司寇之故里皆所覽經賞覽此山
川細課文獻而託情於研山屬余以圖余為之圖其叠峯以屬拱峯以為之圖余屬當時此君尚存昆山徐氏今垂百餘年滄桑
轉易不識雨在人間石兩峯蓋未嘗不可見而見漁洋竹垞章谿諸公之詩文則是圖猶在
居有伴余傳之辛巳賓虹

黄宾虹《研山图》（1941年作） 香港苏富比拍品

弄石

◎ 命题

◎ 配座

◎ 组合

◎ 供赏

弄石

命题

作为艺术作品，题名是必不可少的，特别是有些文学作品，点题的准确抑或优雅与否，对作品而言，有着决定性的意义，所谓题好文一半，指的就是这种情况。但对于观赏石来讲，毕竟不是人为艺术作品，其常在意料之外，不在情理之中，有许多似是而非、混沌意象的石头，很难按照常理去取名。就如许多抽象类题材的当代艺术作品，常常用"无题"来点题。所谓此时无题胜有题，可以令人张开想象的翅膀。

但是，若"无题"要移用到观赏石命题的时候则须十分谨慎，不宜滥用，因为不是说那些莫名其妙的石头都能以"无题"命名。就像西方艺术圈定义艺术作品是一种有意味的形式那样（英国近代文艺批评家克莱夫·贝尔于19世纪末首次提出艺术是"有意味的形式"的理论），石头之所以成为观赏石，当然也需要有一定的意味（形质色纹），从而唤起人们对它的审美情感。

无题 四川雅安大理石 高：40厘米 枕石斋藏

无相 四川长江石 宽：28 厘米 罗庆敏藏

题名的恰到好处，可以有画龙点睛、点石成金的作用。它可以引导观赏者的聚焦点并引发其想象力，直接影响观赏者的思维定式，无形之中会提高奇石的艺术感染力。好的题名往往也需要"两句三年得，一吟双泪流"的反复推敲。也有人主张奇石之美是只可意会、不可言传的。这可分两种情况，一种是不懂得如何欣赏自然美，尤其是那些比较抽象的奇石，都说不出个究竟来的；一种是虽有慧眼和才情，有时候也会无法一言点破的。

2019年4月在北京国家大剧院举办的"石非石·中国生活艺术展"，是一次赏石艺术登上大雅之堂的成功石展，至今令很多赏石爱好者记忆犹新。一千平方米的展厅只展示了四十八方赏石以及相关艺术品，可见是精中选精、优中选优。其中，有一方灵璧石（宽15厘米，武文成藏），尺寸不大，气场却很大。分明是一匹神骏的形象，马首昂扬，马身修长，马蹄腾空，肌骨偾张，虽然被系缚于木桩上，但似乎正在作挣脱状，隐约还可以听见它的嘶鸣声，一副桀骜不驯的样子。最难得的是，此方灵璧石两面可观，正反面均为神骏形象。尤其是题名《照夜白》，让人过目不忘。

灵璧名石《照夜白》在"石非石·中国生活艺术展"展览现场

"照夜白"是唐玄宗最爱的坐骑，相传这匹白马非常之白，在夜色之中显得明亮异常。唐代画家韩幹代表作《照夜白图》（现藏美国大都会博物馆），就是描绘了这匹名马被拘于木桩又欲想挣脱的一刹那。当我看到这件作品的时候，立刻就想到了这幅名作。

不可思议的是，当时沪上制座高手秦石轩为此石制作底座的时候，并没有见到过《照夜白图》这

唐 韩幹《照夜白图》

幅名作，但是，底座的构思创作却与《照夜白图》十分相似，也是一种不谋而合。

　　这方灵璧石虽然是黑色的，但造型与"照夜白"非常神似，称得上是"知白守黑"。只不过画作之中，细节更为丰富，相比之下，这方奇石的细节并不完备（同样没有尾巴），但一样具有艺术感染力。可见，奇石和国画的表现力虽然有所不同，但各有特点，各擅胜场。

　　题名是由赏石升格为品石的一种形式。它是人与石的对话，是思维与天地的交流。如果将观赏石视作为一种艺术品形式，题名就是一种不可或缺的人文附加。

清梦　广西彩陶石　宽：27 厘米　陈荣昌藏

　　题名应做到名与实符，闻其名而如见其石，见其石而益赞其名，切忌牵强附会或是过分溢美，明明是普普通通的山峦景观，却把它说成是天下第一江山。比如，人物象形石最忌就是草率点题，附会穿凿，将一些尊者、长者作为取名对象，特别是涉及一些著名人物的象形石，尤须慎重对待，多方论证，有的可以不必点破，否则只会是贻笑大方。对于抽象类奇石的点题，其实比起其他象形类的难度要大得多，从某种程度上讲，其重要性或者说鉴评的权重要远远高于一般象形石的命名，往往需要一种发散性和天马行空般的思维。在这里，恰如其分的点题是一种有效的引导和指示，会给人以顿悟的感觉。

　　题名要抓住观赏石的主要特征，本身也要强调自我的独特性，切忌千篇一律，人云亦云。特别是要注意观赏石之美往往介于"似与不似"之间，具有变幻性，故题名要给观赏者留有一定的想象余地，如同古诗创作"忌直贵曲"一样，要有引人入胜的导向性，点到为止，不宜直截了当，有时还可以取逆向思维，使人产生丰富联想。

　　命题的要点，是名副其实。可以引经据典，但不宜过度解读。记得2012年5月在无锡新世界国际文化城举办的"中国首届画面石博览会"上，一方东阳石友收藏的获奖广西大湾石"三顾茅庐"吸引了许多人的注意。石头体量不小，画面左侧是一座草棚样式的房舍，干净明了，右边如同田间路旁，简约而不简单，类似图案在画面石中很少出现。当时我作为评委，也很欣赏这块画面石，但对于题名却感到有点不到位：一是感觉有点"大"，典故用得不太妥帖；二是觉得房舍并不像茅庐，因为完全没有茅草的感觉。当时灵机一动，建议藏家改名"十里长亭"。所谓长亭，原来是指古代乡村驿站，大约十里设一亭，负责给驿传信使提供馆舍、给养等服务，后来成为人们郊游驻足和分别相送之地，十里长亭也逐渐演变成为送别地的代名词，如宋代词人柳

慈悲　灵璧石　高：32厘米　侯孝海藏

文明　来宾石胆石　高：50厘米　张昭然藏

十里长亭　广西大湾石　吴金恬藏

永《雨霖铃》曰："寒蝉凄切，对长亭晚，骤雨初歇。留恋处，兰舟催发。"近代弘一大师的《送别》词更是脍炙人口："长亭外，古道边，芳草碧连天。晚风拂柳笛声残，夕阳山外山。"这方石头的画面，似乎更符合"十里长亭"离愁别绪的氛围，也更有诗情画意。

时隔多年后，此事早已淡焉若忘。2016年5月下旬应邀赴浙江东阳，参观由浙江省观赏石协会主办、东阳市观赏石协会承办的"浙江·东阳第三届观赏石博览会"。百余方精品观赏石，集中展现了东阳玩石人十年来的成就和收藏水平。在展览现场居然又见到了这方大湾石，遂倍感亲切。细看题名，果然藏家从善如流，易名为"十里长亭"。

就像是古典诗词创作中的诗眼，这是诗歌中表现力最强、最能体现意旨的关键词句。观赏石的题名，就是要挖掘其"诗眼"，尤其是图纹石，一定要充分发掘其诗情画意。所谓诗情，是指作诗的情绪、兴致，也是指诗一般的美妙意境。诗词的特点是高度简洁凝练，语言高度个性化，经常通过比喻、通感、双关等表达语意，使人感到含蓄、朦胧、多义。所谓画意，是指绘画的意旨或意境，应该出意境、有神情。就像传统国画不讲究焦点透视，不强调物体的光色变化和外表的形似，而更强调抒发作者的主观情趣，就是一种"表现"的艺术。

觉醒　四川长江石　高：21厘米　桃源石居藏

朱元璋 浙江黄蜡石 高：13厘米 洪仕亮藏

破壳而出 宽：9厘米 内蒙古戈壁石 薛云生藏

奔马 陈炉石 宽：13厘米 卢卫藏

板桥遗珍 新疆风凌石 高：8厘米 马靖山藏

许多优秀的观赏石作品，作为一种独特的艺术品样式，都蕴含着无穷的诗情画意和各种文化内涵，需要我们去细细品味，去认真题咏，从而赋予顽石以灵性，这才是完整意义上的赏玩作品。很多观赏石精品的形态、图纹、意韵均具有诗性和诗境，都需要通过诗句点题才能充分揭示和展现其内涵之美，尤其需要发现者（包括创作者）具有古典文学的修养。这也是赏石作为一种传统艺术样式的应有之义。

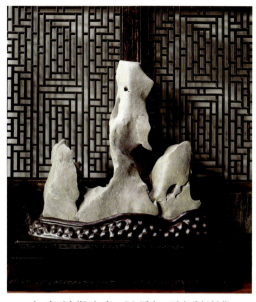

山 广西太湖石 高：50 厘米 丽水雅轩阁藏

关于观赏石的诗意品赏，比较短小隽永的，可以借鉴"诗经体"。如晚唐诗人司空图的《二十四诗品》，便是我国历史上各种诗歌风格的总结，从"雄浑"起，到"流动"止，共二十四品，分别为雄浑、冲淡、纤秾、沉着、高古、典雅、洗练、劲健、绮丽、自然、含蓄、豪放、精神、缜密、疏野、清奇、委曲、实境、悲慨、形容、超诣、飘逸、旷达、流动。每品为十二句四言韵语，就是一种诗经体，咏之有韵，味之有象，有的字斟句酌，有的信手拈来，大多言约旨远，朗朗上口，具有一种韵外之致。如"含蓄"一品："不着一字，尽得风流。语不涉己，若不堪忧。是有真宰，与之沉浮。如渌满酒，花时反秋。悠悠空尘，忽忽海沤。浅深聚散，万取一收。"

春风杨柳 广西大湾石 宽：15 厘米 枕石斋藏

清康熙四年（1665年），时任湖广黄州府通判的文学家宋荦，仰慕当年贬谪黄州团练副使的苏东坡之赏玩黄州石（类似雨花石）之风雅，共搜集到了十六枚"甚可宝玩"的黄州石，"爱置晶盘，注以泉水，各即其形象名之，而系以赞"。题名计有宜春胜（剪纸之称）、达摩影、紫鸳覆卵、寒潭秋藻、红蜀锦、朱霞笼月、鬼面、玉贝叶、三台象、双白眼、红虾蟆、鹳鹆眼、玉蟾蜍、杨妃癥、坍

221

大浪淘沙 云南点苍山大理石 宽：75 厘米 李振葵藏

猫晴、冰天月。遂一以诗经体咏赞赏析，并写有《怪石赞》一文，也是文坛石界的一段佳话。如"达摩影"赞曰："达摩面壁，影在嵩少。胡为此石，端然含照。不起不灭，孰拟孰貌。稽首皈依，渊乎微妙。"

这里，不妨效仿诗经体和《怪石赞》，分别选取造型石、图纹石各一方名品作一品赏。

内蒙古戈壁石"鲁迅"（孙含义藏），属于阿拉善银根老皮石，皮壳朗润，自然包浆极好，色泽鲜丽深沉，整体形象是鲁迅的肖像侧面，比例协调，轮廓分明，翘发、颧骨、鼻梁、嘴唇、下巴等无不栩栩如生，五官细节到位，特征形象生动，而且两面可观，十分传神。有诗赞曰："瀚海大漠，吹沙见金。瞻之在前，写照传神。横眉俯首，温故知新。一代文豪，傲骨铮铮。"

云南大理石"大浪淘沙"（李振葵藏），是一幅全屏水景图，整幅画面，有点像尼亚加拉大瀑布的近景，瀑布从右上方奔腾而下，一泻千里，仔细分辨，上部似有三段平台，瀑布逐级而下，极具节奏感和韵律感，其气势撼人，凝视稍久，如闻其声，如临其境。石画上的浪潮似呼之欲出，大有"黄河之水天上来"的恢宏诗境。尤其是水浪非常夸张，快速流动的浪涛闪烁着丝绢般的光泽。有诗赞曰："点苍高耸，云遮半山。水墨神迹，出没其间。丹青难写，气通韵贯。坡翁有词，惊涛拍岸。"

鲁迅 内蒙古戈壁石 高：20 厘米 孙含义藏

配座

观赏石的配座，就像书画的托裱，是作品完美与否的一个重要组成部分。配座除了稳固奇石的基本功能之外，还有着掩盖缺陷、凸显主题的功能。有些观赏石的小小缺陷，往往可以通过恰到好处的配座予以弥补；更多观赏石的不同凡响之处，还恰恰都是配座予以奠定的。从观赏的角度来看，观赏石的配座得体谐调与否，也是评价观赏石优劣的不可或缺的关键要素。由此可见，底座对于奇石的重要意义是非同寻常的。即使在《观赏石鉴评》国标中，底座的权重也始终占有着重要的一席之地。底座的合适、协调与否，已经越来越和观赏石本身作为一个整体而不可分割了。奇石和底座的完美结合，可以使其最后的观赏效果远远达到一加一大于二的程度。重视底座其实便是尊重奇石，使之从大自然的自在之物变成了为我之物。

赏石尽管在宋代开始已经奠定了其独立的地位，但对于座架的讲究还是在明代以后，包括永乐年间的郑和下西洋，特别是隆庆元年（1567年）漳州月港重开"海禁"，海外优质硬木原料如黄花梨、紫檀等大量引入而开始。宋代赏石有"盆石""盆山"之说，当时赏石的摆设还没有完全脱离盆景的影响，其供置形式主要是盆（石器或者陶瓷器）。至今在日本、韩国等地的赏石供置，还流行水盆的形式，盆中或置砂或盛水，一方面起到固定石头的作用，另一方面也是寓意大自然的沙漠与河海，这其实就是受到宋代"盆石"的影响。日本水石的水盘与木座几乎各占一半。水盘主要是浅身陶盆、紫砂盆或石盆，韩国还盛行用青铜所制铜盆。一般是长方形或椭圆形，盘底最好覆盖一层白色或黄色的碎砂（将碎石研磨成的砂粒），视情况可以喷洒适量的水，给人以瀚海或湖海的感觉，另一方面也便于平稳地安置赏石。

水盘（木盆）较适宜置放卵石或是卧式山石，观赏石底部应有较大的接触面。观赏石占据水盘的面积不宜过大，要留有相当宽松的空间，并注意其布局效果。观赏石一般不宜置放于水盘的正

古灵璧石鱼形磬　癖石斋藏

中央，可根据黄金分割比例来摆放，这样能够获得较好的视觉效果。

相对而言，传统的木制底座往往具有束缚感，限制了赏石的表现空间，而水盆的形式则更具备延伸感和想象空间，特别是对于景观类的赏石，这样的形式大大地增加了其表现空间和现实的存在感。当然，水盘对于赏石来说还是有其局限性的。一方面它对于奇石本身的造型有相当的要求，不是任何奇石都能"放之四海而皆准"的。比如对于岛礁型、远山型等卧式景观石就比较适合用水盆，而象形石、图纹石、意象石等却并不适合用水盆。而且，千篇一律毫无个性的水盆，与充满个性的奇石搭配组合，不但缺乏艺术性，而且容易使观赏者产生审美疲劳。

小鸡出壳 内蒙古戈壁玛瑙 宽：7厘米 傅文伟藏

相比之下，木制座架往往是配合赏石量身定做，所以极有个性化的表现，不但落榫各不相同，而且其雕饰往往都是根据奇石的主题予以配合制作的，有的木座本身就是一件艺术作品。也就是说，一石可以配多座，一座却不能配多石，这与可以批量制作的水盆显然不能同日而语。当然，木座的样式也有程式化的一面，这在明清两代就有"苏作"（指苏州地区所作）、"鲁作"（指山东地区所作）和"粤作"（指广东地区所作）等地域风格之别，其中无疑"苏作"影响最大，包括"海派"底座最初也是崇尚"苏作"，但"海派"还能够融会贯通，推陈出新。随着海内外赏石界的日益广泛的交流，目前各地底座的风格逐渐趋向融合，地域色彩也越来越淡化了。但大致仍脱离不了以线条简洁见长的明式、以雕饰繁复见长的清式，还有取法现代雕塑的简式以及创意的底座。其中，就像奇石一

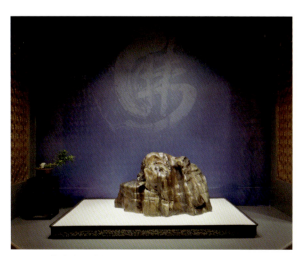

室内赏石独立置景 柳州自然居石文化博物馆

九大莲池 广西彩陶石 宽：53厘米 盘雪斌藏

山水清音 贵州盘江瀑布石 宽：12厘米 枕石斋藏

鲁作底座古英石山子　高：28厘米　拨云轩藏

八面来风 贵州乌蒙磐石 高：46厘米 弄石居藏

样，越有个性的底座就越会让人过目不忘。当然，这也有一个度的把握问题。就是说，底座是绿叶，奇石是红花，原则上只能相得益彰，而不能喧宾夺主。

底座的作用，除了稳固石体、凸显主题之外，还有一个功能就是掩饰奇石的某种不足或是缺憾，这尤其体现在创意底座上。所谓创意底座，就是不按常理出牌，抛开明式、清式底座的固有模式和套路，而是别开生面，量身定制。

2016年9月，在"2016南上海第二届全国奇石精品展"上有一方获奖作品广西大湾石"和谐号"颇为吸睛。石头造型极似高铁列车，头部呈流线型，上下两部分有俏色自然区分，形成难度颇大。底座在石体下部安放了一段铁轨模型，妙的是右侧还设计有一座山洞隧道，将奇石的后半部掩住起来。一方面可能是掩饰不足可观之处（包括长度不够），另一方面更是为了让观者充满想象，而且整体感很好，很轻易地就能让人联想到高铁穿山越岭时的忙碌身影。可谓欲扬先抑，应该是一个成功的创意底座。

和谐号 广西大湾石 宽：30厘米 覃国富藏

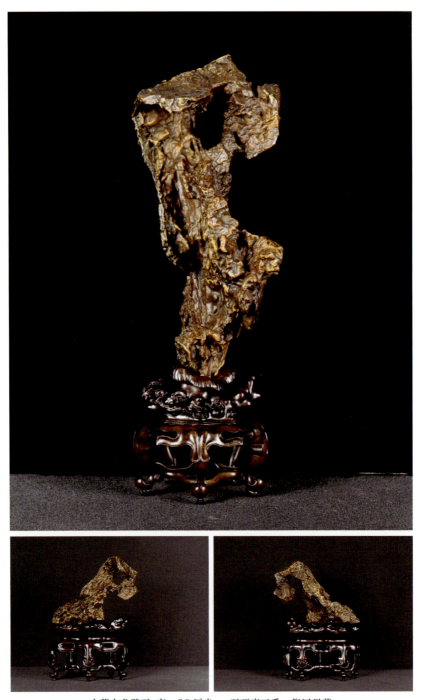

内蒙古戈壁石　高：28厘米　一石两座三看　倪国强藏

期盼 来宾水冲石 高：40 厘米 施刘章藏

钟灵毓秀　灵璧石　高：80厘米　钟增武藏

神象 灵璧石 高：190厘米 朱晓华藏

明清赏石底座常见有两种样式，一则以线条取胜，流行于明代；一则以雕花取胜，流行于清代。以线条取胜的底座多适用于卧式砚山造型，以雕花取胜的底座多为竖式立峰造型，两者界限颇为分明，这两种造型也是古典赏石的主流样式。雕花底座有卷云纹、灵芝纹、如意纹、山石纹、水浪纹、根蔓纹、回字纹、树瘿纹等装饰样式，其中最为多见的，就是树瘿纹。树瘿纹又有鼓丁纹、乳突纹、疙瘩纹等称谓，而且不见于其他器玩底座，是古代赏石底座的一种专属样式。

树瘿纹木座表面往往有凸起的瘤状物装饰。有西方学者认为，这象征着洞穴中的钟乳石，而奇石本身又代表着道家思想中的仙山，所以便称之为乳突纹、乳丁纹。其实，这类装饰的灵感应该源自树瘿。树瘿是树木

锁云 灵璧石 阮元铭（局部） 始北山房藏

因受到真菌或害虫的刺激，局部细胞增生而形成的瘤状物。树瘿是树木的一种病态，但古代文人却十分欣赏，如木制笔筒器表就有不少雕饰树瘿纹者，树瘿的剖面（尤其是花梨木）往往有十分美丽的纹饰，俗称瘿木，也是非常难得的一种材质，有的被剖成衬板以作赏用。

树瘿纹饰，既是古代赏石底座最具标识度的样式，也是雕花木座一种最朴素的样式，具象又不失抽象，简单又不失精致。一方面，它还原了原木的自然状态，另一方面，也避免了繁复纹样的费工乃至喧宾夺主。特别是对于透漏有洞的奇石，凸起的树瘿纹似乎也是一种很好的互补和映衬，所以一经流传，便经久不衰，成为赏石木座中最具代表性的纹饰。

此外，像大理石之类的切割图纹石，一般是镶嵌在硬木插屏或挂屏中观赏的，这也是仿效国画的装裱形式。在艺术品拍卖市场，古代大理石屏都被归档于家具类别。

观赏石底座的制作工序与家具大体一致，但也有其独到之处，大体可分为设计、选料、开料、落榫、定型、雕刻、打磨、油漆、晾干等。其中设计是第一位的，是先导，是方向，

是创作灵魂。尤其是小品组合石，设计的重要性往往是决定性的。落榫是根据石头底部凹凸不平的轮廓开槽抠底，使石头的重心能够平稳地嵌坐于木座内。抠底时要有一定的深度，而且轮廓线要与奇石底部相吻合，最好是密不透风，以奇石嵌入底座后不能摇动为原则。如果考虑到由于气候干燥硬木容易收缩的因素，可以适当留一些空隙。奇石嵌入木座不宜过深，也不宜采取胶合的方法。

做赏石底座要选用好木料，最好是硬木。木料的好坏与其密度大小、糯性好坏密切相关，也与干燥处理程度有关。木材疏松的，往往容易变形开裂，也不易起包浆。比较适合的硬木有花梨木、鸡翅木、酸枝木、紫檀、乌木等。

底座除了木材之外，也可以选择其他材质，如树根等。欧美国家还采用一种树脂材料制作底座。其实，材质的不同，往往也会引发底座制作思路和形式的不同。比如，按照美术馆陈列的雕塑类作品底座样式，通常是不讲究底座的材质和工艺，以最为简单的造型和线条取胜，一般都是用复合板材加工制作。但这种样式移作奇石底座时，一般也只能适用于与现代雕塑形式相似的造型石，如抽象雕塑类的摩尔石，并非任何奇石都能有类似效果。

现成品的移用，也可以作为赏石底座。比如，食物类的象形石，要突出其秀色可餐的特点，可以采用瓷质餐具，既经济合理，也美观大方。小品组合石流行的"奇石宴"便是典型一例。所谓陶盆、瓷板等水盘演示，其实也是移用现成品。又如，玉雕作品展示的架座、古典家具的小品几架等，也可以移用。

另外，一些较为珍贵的小型赏石，除了配置木座以外，还可定做木盒、锦匣贮放。事实上，不少古石（包括日本回流的，以及水石）都有原配盒匣，至今保存完好无恙。同样，赏石配座在展示的时候，也可以视情况配置衬板、几架、博古架。一般来说，一石一座一板架的独立展示，能将赏石的气场最大限度地生发开来。

原汁干鲍 内蒙古沙漠漆 宽：10厘米 苏义吉藏

旺气 灵璧石 高：48厘米 始北山房藏

日本佐渡赤玉石 宽：19厘米 葛星藏

紫玉 内蒙古盘丝玛瑙 高：22厘米 姜敏藏

残垣留韵 内蒙戈壁石 高：25厘米 刘必伟藏

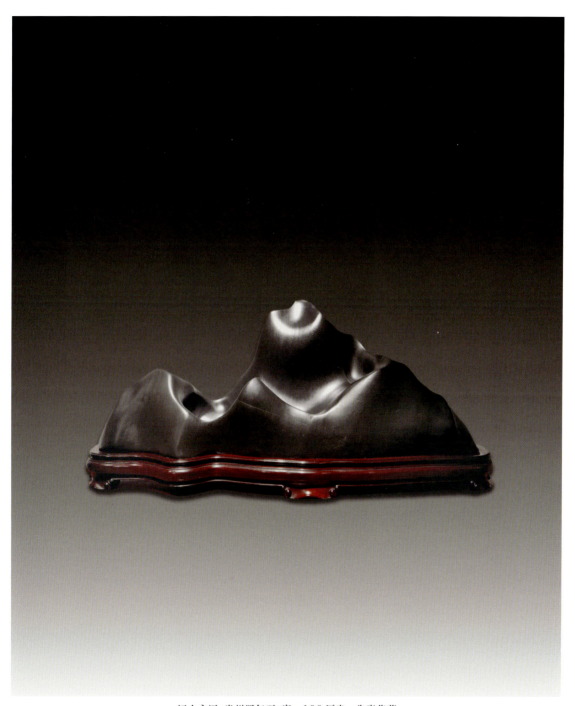

江山永固 贵州罗甸石 宽：100厘米　朱晓华藏

光华 广西彩陶石 高：52厘米 徐文强藏

潘多拉魔盒 内蒙古戈壁石 宽：25厘米   顾卫东藏

组合

观赏石有组合形式通常有两种。一是组合石，就是指两块以上奇石搭配组合，形成一个整体和主题演示。二是观赏石组合，就是指奇石与其他器物道具混搭演绎，如岁朝清供。

在组合石中有一种别裁——对石。对石，又称合石，俗称老断，是指被自然力再分离形成的两块或多块石重新集合的观赏石。虽然对石以两块一组较为多见和典型，但数量并没有限制，甚至一组对石有多达一二十块的，所以称为合石更为准确，也更有意味。

对石，无疑属于组合石类别，所以，它对配座、组合、演示等都有一定的要求。由于其在表现上的特殊性，往往在摆置上就存在了不小的难度。一般来说，对石的结合部分最好要有适当的距离，以显示其原来的相合之处，但是过犹不及，并无规律可循。

举个例子。有一组内蒙古戈壁石对石"石破天惊"，属于碧玉中的俏色，非常少见，底色为红碧玉，中间有黄色掺杂，恰好构成了两只猿猴形象，正蹲坐着，前臂修长，作抬伸牵拉状，尤其是左方脸部特征似能可辨，十分喜气。这组对石，其分崩的部分不是一个平面，而是具有一定的凹凸变化，使得其对开的画面容易差异性较大，但两者并没有南辕北辙——可以理解成一公一母的对猴。这也是其难得之处。

这组对石的配座也是颇费周折。最初是配制了一对插屏式座架，虽然也是非常惊艳。但是，因为这对奇石具有一定的厚度，而且四边棱角较多，再加上座架色彩与石头较为接近，故使得其表现力有所不逮。当时制座高手秦石轩与藏家商量后，决定推倒重来。先是想到了《西

文砚　新疆泥石对石　宽：10厘米　枕石斋藏

皮蛋　内蒙古戈壁石对石　高：7厘米　中国嘉德拍品

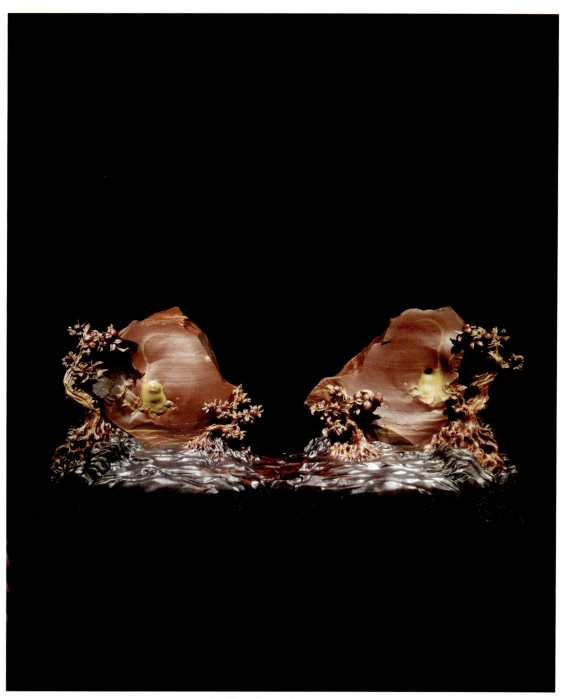

石破天惊 内蒙古戈壁对石　薛云生藏

游记》中孙悟空从石头里蹦出来的故事，并使之设想成两本书册样式，取名《悟空传》。

其实，这对奇石中的猴子形象与孙悟空差异较大，更像是一对长臂猿，前臂的修长灵动十分显眼，这在现代国画大师张大千的笔下经常能够见到。张大千自称是黑猿转世，其师曾熙曾经为他题名为蝯（古同猿。张

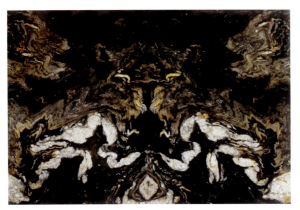

献瑞 大理石对石 宽：113厘米 李尚文藏

大千原名正权，曾用名张蝯，后改名爰）。张大千还特意强调猿与猴之别，猿是世界上最有灵性，最有感情，最怕伤感的动物；猴子性淫，难分好歹，小孩子手中的食物猿不会抢，猴子可就会乱来，所以他喜欢猿而从来不喜欢猴。画家喜临仿宋代易元吉作品，一生爱画猿。

由此最后定下来的"石破天惊"的制座方案，还是以花果山为背景形象，两边各修饰一些桃树，一方面是点题，另一方面也是掩饰原石外轮廓造型上的缺陷。最关键的是，两方底座可分可合，分则可以独立欣赏，合则形成一个整体，两方底座一左一右，一侧的轮廓线呈绞合状，可以连成一体，也是一种巧构。

对石形成难度很大，要成景状物更难。从其形成难度的自然环境而言，水冲石最难，山石其次，风砺石再次。对赏石的鉴评，除了主题呈象之完美与否以外，形成难度也是一个重要考量，特别是断口自然包浆程度的好坏甚为关键。相对来说，凡是对石分离时间越久，其自然风化程度就越高，自然包浆也就越好，与此同时，其断口之间的合缝程度也就越差；反之，如果对石其合缝程度越高，那么其断口之风化程度往往也越差，其分离的时间也越短。好比是鱼与熊掌，两者无法兼得。另一方面，对石断口风化程度较差的（也就是分离时间短的），往往

出山 陈炉石对石 宽：45厘米 倪国强藏

容易找全；反之，对石断口风化程度极好的，通常不容易团聚，因为岁月经不起太久的等待，长时间的风沙、流水乃至地质运动等的搬运和迁移，两者分开的距离就会越远，直至再也无法相聚。

此外，观赏石中老残或老崩的现象时有所见，其断面明显，但已有自然包浆覆盖。其实另一半可能还在，只是无缘团聚。

切割图纹石也有对石现象。平面切割的图纹石（如大理石、印石等）的对剖面一般并不十分对称，所谓失之毫厘、差之千里；或者即使图纹对称，也很少见到有象形状物的画面，如果是主题明确、画面精彩的，即使是准自然石，也弥足珍贵。

拜石　英石和埃及古磐石组合　窦春华藏

为什么要组合？因为一般单品奇石是很难演绎带有故事性情景和场景的主题的。如米芾拜石，单有表现米芾主题的奇石还不够，还需要有一方古典赏石相配合，使之遥相呼应，才能演绎好这个主题。此外，有的单品奇石本身的表现力也会有意犹未尽或是力有不逮之处的时候，故需要其他奇石或是道具予以搭配来演绎主题。所谓的组合石，就是附加了一些深化主题演绎的石头和道具。

组合石其实古已有之。清代广东地区，曾流行有一种"祖孙岩"的组合形式，通常

傲雪苍松　四川长江石组合　林同滨藏

古英石组合 高：22厘米 拨云轩藏

是由一大一小、一高一低两块奇石组合在一起，遥相呼应，带有尊老爱幼的寓意。另外在古典园林中的重要置石，往往也会有副石相陪衬。

组合石最初都是讲究相同石种、相似尺寸、相应主题、相当造型（纹理），亦称组石。最早多见于图纹石（雨花石）小品，如十二生肖、四季风光等，均是常见的组合主题。

相比较简单的组石，组合石更需要一种发散性的思维方式和艺术化的创作手段，需要借鉴和运用艺术创作的原理和技法，融会贯通，别开生面，这也使得观赏石作为一种艺术品的存在成为可能。尤其是发展到奇石和其他材质器物的混搭组合之后，奇石组合的表现力更是越来越强，覆盖面也是越来越广，同样，

十二生肖 内蒙古沙漠漆组合 得云轩藏

创作点也是越来越多，艺术张力得以充分体现。

　　观赏石组合常见于小品石。小品石由于体量过小（一般最大尺寸小于20厘米），在展示的时候往往不够显眼，而组合则具有放大延伸扩展的作用，使得小品石能够在更大的空间和场景中得到展示并达到展示的最佳效果。另外，小品石往往可以在不同主题、不同场景、不同组合中灵活搭配，一石多用，所以其配座也迥别于一般标准石的固定配座。

　　可以不拘一格，不受约束，自由混搭的小品组合石，完全是一种艺术再创作。成功的小品组合石，出彩的往往还不仅仅是奇石本身（奇石可能是点睛之笔），而是创作者的想法和创意，也包括了其他道具和材质的选用。因为奇石在表现许多题材对象的时候，常常有很大的局限性或者说是缺憾，如果拘泥于纯粹简单的奇石组合，不借助于其他道具、材质的配合"混搭"，其表现效果就会差强人意，从而难以达到最佳的艺术表现效果。这里，创作者考虑的显然是最佳的艺术效果，而不是最难的表现效果。好比是鱼（难度）与熊掌（美感）不可兼得，舍"鱼"而取"熊掌"也。这更像是一种"表现的艺术"。小品组合并不仅仅是奇石和各种元素之间的简单拼凑，一些精品创作带有创作者强烈的个人色彩和创意因子，个性更加突出，创作空间非常巨大。

　　值得指出的是，小品组合石虽然是对传统赏石定式的一种突破和创新，但无论其如何求新、求异、求变，还是离不开传统文化的滋养和熏陶，还是需遵从或是取法于传统（诗词书画）艺术创作的灵感、规律和模式。

　　就像其他的艺术创作一样，小品石组合的创作一般也都是主

清雅　英石组合　枕石斋藏

题先行。当确定了一方或者几方表现某一主题作品的奇石时，首先应确认是否要单独配座。与单品奇石独立配座不同，组合奇石有的（特别是底部平整的）不需要单独配座，而是可以就这样置放于一个较大的空间平台上。其次，还要考虑是否需要有衬景道具，如果这种道具在石头里面不好找，或是表现力不够的话，可以考虑以现成的其他材质器物取代之。当然，这需要充分考虑其与奇石的搭配是否必要，是否和谐。

小品组合石所表现的主题虽然众多，但大致还是以传统诗文绘画所经常表现的题材为主，以吉祥向善、成语典故、诗词锦句、名著传说等居多，特别是一些经典的历史故事。虽然其他艺术门类也经常有表现这类经

闹春 新疆彩玉组合 高：30厘米 马靖山藏

拜石 灵璧石组合 高：24厘米 得云轩藏

墨韵秋荷　灵璧石组合　蔡静藏

典题材的，但主要都是体现工艺之美、技法之美，而由天然奇石来表现，其难度大大地增加了，但表现效果很多时候却丝毫不减工艺之美，有的还是独一无二的。如米芾拜石这个题材，以奇石来表现米芾所拜之石，可谓实实在在，最为切题，任何其他艺术门类都难以达到如此自然、逼真、传神的程度。

在小品石组合中，以象形石最为多见。因为象形石最为讨巧，雅俗共赏，而且不少象形物具有特定的寓意和象征性，具有容易搭配组合，深化演绎主题的效能。按照其题材的内容大体有这么几种主要组合形式。人物类的，包括男女老少、古今中外等，主要以演绎传统经典诗文和成语故事为主的，如《西厢夜读》《黛玉葬

江山永固　内蒙古戈壁石组合　丽水雅轩阁藏

瓶花　玛瑙和矿物晶体组合　赵德奇藏

天书传奇 四川长江石等组合 黔石轩藏

翰墨 广西大湾石组合 枕石斋藏

花》《米芾拜石》《李白醉酒》等等；动物类的，包括飞禽走兽、昆虫水族等，主要以演绎吉祥喜庆向善色彩的，如喜鹊登梅、螳螂捕蝉等；食物类的，包括生鲜肉菜、水果点心等，主要以日常生活中最喜闻乐见的为主，多以设盘摆篮的形式；器物类的，包括文房器玩、鞋帽衣饰等。

金鼠 广西大湾石和戈壁筋脉石组合 陈善良藏

　　关于组合石的审美与评鉴，除了主题单品奇石要出彩之外，还有三项要素缺一不可，那就是艺术美感、形成难度和主题演绎。

　　所谓艺术美感，大部分与形式美学法则有关。因为组合石的创作，更多的是根据艺术创作规律，向艺术品看齐。主要体现在组合布局演绎中应该包括：对称均衡、单纯齐一、调和对比、比例协调、节奏韵律和多样统一，乃至黄金分割原理等等。有的组合石若是演绎或是再现了古今中外名家艺术作品的意韵，则更佳。

　　所谓形成难度，是指组合石组合的难度，以及有关主题题材奇石出现的难度，也包括尺寸大小等因素。一般而言，组合石以同类型的石种组合为上，一方面是考虑到组合表现的效果，另一方面也是检验组合的难度。比如米芾拜石这个题材，以山石、风砺石来演绎最为多见，完全以水石来演绎就非常罕见了，因为水石之中虽然人物好找，但具有瘦、皱、透、漏特征的拜石却极为少见，所以一般往往以其他石种取代，从而降低了组合难度。组合石除了象形（主题鲜明）因素之外，尺寸也是一个重要因素，一般以大为贵。尺寸太小，即使主题

三山五岳　灵璧石组合　郑璐藏

谁动了我的晚餐 内蒙古戈壁玛瑙组合 宽：15 厘米 顾卫东藏

再佳，形成难度、视觉效果等都要差一些，除非是一些一比一的象形物，尺寸大小可以不做要求。从展示效果和表现力来讲，小品组合的最小尺寸（包括底板的宽度、高度），不宜小于20厘米。

所谓主题演绎，包括题名、配座、演示等内容。其中，题名的讨巧与否是一个重要的判断因素，以吉祥向善、喜闻乐见、雅俗共赏、诗情画意方面为佳。与单品石不同，组合石更需要依赖配座来演绎主题。

所谓演示，就是除了（木制）底座以外，有时候还需要其他材质的道具或是物件来配合，以加深主题演绎的深度。这种演示往往是一种混搭，特别需要拿捏好分寸，恰到好处，过犹不及。这对创作者的文化修养和艺术造诣都有着相当高的要求。

供赏

俗话说，园无石不秀，厅无石不华，斋无石不雅，居无石不安。观赏石的装饰意象、象征意味和传统的风水意义，在人们家居生活中的作用不言而喻。藏以致用，是观赏石能够亲近大众的最好切入点。赵汝珍的《古玩指南》是近代最有影响力的古董收藏宝典，其中在介绍"名石"的时候，就揭示了赏石在古代文人生活之中的重要地位："中国旧日之社会知识阶级，对于癖石之嗜好极度浓厚，在士夫之消遣几无人不以石为伴友、为对象，如园林必须有石，案头必须有石，室悬绘石之画，架插谈石之书，对于石之罗致无远勿届，对于石之爱护无力不施。"

赏石自古以来就带有尊崇自然的象征意味，被尊称为供石，作为居室中重要的供赏品，在明清两代，其在厅堂中的位置就已经相对固定了。如今，我们在江南古典园林中，还随处可见这种遗风。大抵是厅堂正中的天然几上，供置有赏石（包括云石屏）、瓷瓶等摆设，赏石与瓷瓶通常是分立左右两旁，各有寓意：一则为天工，石头寓意长寿；一则为人工，瓶谐音平，寓意平安。所以供石成了厅堂摆设中不可或缺的"标配"。

赏石虽然可以独立成景，但更多往往被视为文玩的一种，与其他文玩书画搭配安置，相得益彰。至少在南宋时期，赏石作为文玩的概念就已经确立了，如赵希鹄在《洞天清禄集》

苏州狮子林"探幽"景点 太湖石障景

中所述"怪石小而起峰，多有岩岫耸秀嵌嵌之状，可登几案观玩，亦奇物也"。当时赏石主要流行两种形式，一则是"笔格"，一则是"砚屏"，都是既有实用功能，又有装饰意义。由此开始，赏石被越来越多地带入各种居室文房场景，并成为传统岁朝清供和博古陈设中不可或缺的元素。

岁朝清供和博古陈设，其实就是一种置景。从某种程度上说，奇石既是长寿的一种表意符号，也是从属于传统吉祥文化范畴的宝物。过去有许多与祝寿相关的图案纹样，都有奇石的身影。比如群仙祝

苏州狮子林厅堂赏石置景 （乔崎摄）

寿，通常就是水仙花与奇石（太湖石）的组合。奇石形象一般多是传统瘦、漏、透、皱类（太湖石）的抽象造型，没有特定的主题。有时候奇石形象用岩石或是山峰取代，也是寿比南山之意。

如今，赏石——尤其是古典赏石，作为一种装饰元素，在诸多主流艺术品展览中越来越多地呈现出其卓尔不群的气度，包括一些著名拍卖公司的预展会，凡是有赏石专项拍卖的，多会刻意营造和再现出其在家居生活中的场景；包括一些藏馆和雅集等展览空间，也会出现一些精彩的赏石置景，通常是将家具、盆景、书画、文玩、琴艺、茶道等与赏石"混搭"。大体来说，赏石的置景，须体现出清供的特点，它并非仅仅是一种审美静观，还需要充分发现、体验和拥有对象之美，在人与石的对话互动中焕发出想象力和创造力。这方面，小品组合石的创作，其实就是当代赏石的一种创新和创造。许多小品石的组合创作，都营造出了一种场景的氛围感，呈现出小品不小、小品大样的特征，这也是受到赏石置景之启发。

从家居装饰的角度，观赏石可以在厅堂、案几等处找到安身立命的去处。通常可以在厅堂玄关入口处置放中型山形石，如九龙璧、灵璧石等，有开门见山的意味。一般尺寸在30厘米至50厘米左右、以两人可以搬运为佳。沙发边的案几以及案桌上，也可以置放小型适宜随手抚玩的小型观赏石，以20厘米左右为宜，有的可以以博古架的形式置放小型观赏石组合。此外，墙壁上也可以悬挂类似大理石一类的石画。

观赏石的供设要与室内环境相协调。比如观赏石的体积、数量要适宜，太大、太多就会给人一种压抑感。室内

中式庭院置石置景　苏州博物馆

摆设时要考虑石头本身的色质，与环境是否和谐。此外，还要注意留有一定的展示空间，一般体积稍大的赏石应一石一座一几，与家具配合起来，博古架上每块赏石的摆放同样要注意彼此的空间距离。另外，观赏石之间的大小、色彩搭配也应谐调，一般以体量相近为原则。

观赏石的摆设，还可以与古玩乃至盆景搭配起来。一般而言，观赏石宜与文玩小品配合起来陈设。所谓文玩，是指文房四宝以及由此衍生出来的器玩，林林总总，举不胜举，大致以小巧雅致、器型多变见长。石玩与文玩两者有许多可以相辅相成、相得益彰之处。比如，山峦形的景观石可与笔架相配合，抽象类的禅石可与香炉相契合。而盆景与赏石的搭配，一般以草木类素净色彩为主（如菖蒲、兰花、竹子等），以永恒之生命与短暂之生命相对话，可以产生强烈的艺术对比表现效果。

观赏石还具有特定的实用价值，这尤其表现在文玩类器物上。文玩与石玩，有许多相通或是相似的地方。比如砚和印，多取材于石头，有的还是不事雕琢的原璞，如端砚中的子砚，印石中的田石，等等。

说起子砚（又称天砚），其创制与苏东坡有关。据苏东坡《天石砚铭（并叙）》记述，他十二岁时觅得了一方鱼状的浅碧色奇石，石肤温润，表里布满细小银星，试作为砚十分发墨，苏东坡父亲认为是一方"天砚"，有文曲星之祥兆，定做了砚盒，赠给了苏东坡。苏东

室内赏石置景

坡视为宝贝，伴其大半生，后来转赠给了儿子苏迨和苏过，并作有一首砚铭："一受其成，而不可更。或主于德，或全于形。均是二者，顾予安取。仰唇俯足，世固多有。"这也是苏东坡最早收藏的一方赏石，想必对于其后来的赏石经历产生深刻的影响。后来，天砚也成为砚台的一种样式，所谓"东坡尝得石，不加斧凿以为研，后人寻岩石自然平整者效之"。（南宋《端溪砚谱》）

当然，砚石、印石和奇石虽然相似，但质地及其硬度还是力有不逮。这也反映出奇石要出现类似的形状是具有一定的难度的。文玩之中，与奇石最为亲近的莫过于笔架，有时候又称笔山、笔架山。此外，如镇纸、水盂、笔舔、笔筒、香插等，这些天然成趣的文玩奇石，形成难度较大，既有观赏性，又兼备实用性，还具有文化内涵，可以留意收藏，自成系列。

观赏石的供赏，除了底座架托，还可以适当点缀一些微型摆件，这也是借鉴了山水盆景的配置方法。这些微型摆件主要是陶瓷或石雕的人物、动物、亭台、舟船之类。这类点缀主

福寿清供　枕石斋藏

福寿平安　枕石斋藏

文人情怀 大理石砚屏和襄阳石笔山组合 枕石斋藏

厅堂摆设　浙江长兴中国太湖石博览园

要适宜于水盘配置的赏石，一些造型变化小且有一定平面空间的景观石（如平台型），也可以点缀这种微型摆设，使平淡之中增加变化之趣，增强观赏效果。配置这类摆设首先要注意以少胜多，恰到好处。其次，要注意摆件大小与赏石本身大小的比例关系，以摆件的渺小来衬托赏石的壮伟，有若人们置身于大自然的真山水一般。这也是配置微型摆设的好处之一。再者，就是要注意这类摆设的位置，有的可以放在赏石的平坦之处，有的可以置放于底盘白砂之中，最终是要达到自然景观与人文景观融为一体的观赏效果。

南宋诗人陆游有句："纸上得来终觉浅，绝知此事要躬行。"（《冬夜读书示子聿》）。其实陆游也是一位赏石家，不但藏石，还有不少咏石佳句，涉及"四大名石"及林虑石、春陵石等石种。诗人还常常把文房器玩以友相称，如《岁暮》云："燕脂斑出古铜鼎，弹子窝深湖石山。老去柴门谁复过，天教二友伴清闲。"诗中将青铜器和太湖石昵称为"二友"。清代康熙年间，青花民窑精品中也常见吉语款"奇石宝鼎之珍"等，将奇石与青铜器相提并论，其滥觞也许就源于此。

康熙青花瓷"奇石宝鼎之珍"款识

苏州网师园万卷堂室内布置 （乔崎摄）

赏石知识和见识的获取与增长，就是需要读万卷书，行万里路。包括产地的踏勘、市场的交易、展览的参加、石友的切磋等。

2002年的夏天某日，我去上海人民美术出版社访友，在那里看到一本新出版的《松江文物志》（林晓明主编。上海人民美术出版社2001年11月版）。翻阅一过，发现有"林有麟夫妇墓志铭"条目，介绍了现存于松江区博物馆中的"明故中宪大夫四川龙安府知府衷斋林公暨配诰赠宜人惠淑徐氏之墓"墓志铭的形制和规格，唯独没有主人公的生平事迹。或许是编者认为其官卑人微，不值一提。

松江区博物馆庭院中的明代太湖石"矶石阿"

赏石（灵璧石）厅堂置景　苏州石湖种鱼馆

也许知道林有麟的人不多，但是资深石友都读过他的《素园石谱》。明代万历四十一年（1613年）林有麟刊印的《素园石谱》四卷，是传世至今最早的一部画石谱，在赏石文化史上具有重要的地位和影响。《素园石谱》绘制的奇石，列名的石种或名石共计102种（类），计249幅大小石画，它直观而又系统地向人们展现了古代赏石的主要品种、精品样式以及置座形式，包括园林置石和案几供石，人们由此可以了解到，什么样的石头可以"入谱""入画"。

这是古代赏石极为重要的绘本和样本，也是古典赏石精品鉴赏的启蒙读本，甚至引领了后世画石乃至选石的标准，至今还被石友们津津乐道。但是，因为林有麟官位不大（官至四川龙安府知府），生平事迹不详，一直不见有研究文章，故大家引为憾事。

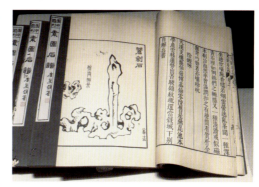

《素园石谱》 日本大村西崖1923年图本丛刊翻刻本

真是得来全不费功夫。兴奋之余，我特意去了一趟松江区博物馆。经过馆长介绍，在博物馆院落的草丛中找到了这两方墓志铭的志盖和志石。仔细辨读，志盖为篆文"明故中宪大夫四川龙安府知府衷斋林公暨诰赠宜人惠淑徐氏之墓"，志石为楷体，字数有好几百字，密密麻麻："明故中宪大夫四川龙安府知府衷斋林公，讳有麟，字仁甫，南直隶松江府华亭县人。父讳景旸，隆庆戊辰进士，累官南京太仆寺卿……公生于万历戊寅年十月二十有七日，繇恩生授通政通经历，历任都察院都事，太仆寺寺丞，刑部主事员外郎郎中，陞任四川龙安府知府。卒于丁亥年十二月二日，年七十岁……"据此记载，林有麟应该生于1578年（万历六年），卒于1647年（清顺治四年）。《素园石谱》一书，是他35岁时所刊印，也是妥妥的一位青年才俊。

明 林有麟《日涉园图》 上海市历史博物馆藏

如今，当时所摄照片的底片早已不存，这两方墓志铭也不知所终。只是庆幸当时现场做了简单的记录，弄清楚了林有麟的生卒年月和大致生平，真是不虚此行。后来，我又查阅了清代道光年间《龙安府志》等资料，撰写了一篇《从〈素园石谱〉看传统供石收藏》（《收藏家》2003年11月），首次全面梳理了林有麟的生平事迹，被石界广为引用。

盆景赏石清供置景　张通国藏

朵云　苏州网师园看松读画轩陈供的灵璧石

玉山观想　本溪宣石　高：45 厘米　倪国强藏

玉山观想

　　在古典赏石中，以白色取胜的唯有昆石和宣石，两者均以高洁冷隽取胜，颇为文人雅士所钟爱。宣石开发时间大致在明代后期，虽然晚于昆石，但却一度后来居上。宣石的硬朗质感和多变形态，相比昆石则更胜一筹。本溪宣石是近十年新开发的宣石品种，主要产于辽宁鞍山南芬区的长岭，因为其质地与安徽宁国宣石相同，所以又被称作"北宣"。这方本溪宣石，周身遍布粗砾状石英结晶，类似山水画里的大小斧劈皴，棱角分明，坚顽凝重，乱中有序，光洁亮丽。糯白色的石表上稍带一些土锈，间杂有不少青色云母状薄片，泛着银光，就仿佛是泼洒在宣纸上的石青。石身穿插了几处洞天，前后通透，曲折通幽，引人入胜。"北宣"造型常见为薄片状，像这方造型如此浑厚端庄，又不失玲珑透漏者，十不有一。其更胜者乃面面可观，不见死角，实属罕见。整方奇石，状如山子，置于盆盎之中，就如同清宫里的玉山子，令人仿佛置身于雄奇刚劲、峻嶒突兀的北宗山水画之中，只是丝毫未见雕琢修治之痕迹。天工之巧，一至于此。

后记

赏石文化源远流长，赏石活动方兴未艾。据中国观赏石协会不完全统计，目前全国观赏石爱好者超过千万之众，直接从业者也有百万人以上，赏石已经成为收藏之大项，越来越受到主流艺术界的关注和普罗大众的喜爱。2014年12月3日，由中国观赏石协会申报的"赏石艺术"，作为传统美术类别被列入第四批国家级非物质文化遗产代表性项目名录。这标志着当代观赏石的收藏与鉴赏又登高了一阶。

观赏石的范围很广泛，按照2015年5月15日中华人民共和国国家质量监督检验检疫总局、中国国家标准化管理委员会发布的《观赏石鉴评》（GB/T 31390–2015），观赏石是指自然形成且可以采集的，并具有观赏价值、收藏价值、经济价值和科学价值的石质艺术品。此外，还可涵盖奇峰异石等自然景观石及工艺石等。从其分类来说，包括岩石类、矿物晶体类、生物化石类、陨石类及其他五种类型。本书主要收录和阐述的，是岩石类观赏石，主要是指由沉积岩、岩浆岩和变质岩形成的观赏石，这是自古至今我国观赏石收藏的主流，也是东方赏石有别于西方赏石的不同之处。

笔者关注观赏石收藏与鉴赏，至今已有三十多年，亲身经历并参与了当代赏石界的一些重大活动，结识了许多藏家，过眼了诸多精品，储存了不少素材，积累了一些心得，也发表、出版了不少文章和专著。本书收录的观赏石精品，大部分是历次各地重要石展的获奖藏品。同时在写作过程中也得到了中国观赏石协会暨《宝藏》杂志社、上海市观赏石协会以及北京汇石融通文化发展有限公司等单位的大力支持，本书责任编辑也为此付出了极大的热情和心血，资深媒体人、艺术评论家林明杰欣然作序，在此一并致谢。

俞莹

2022年6月

图书在版编目（CIP）数据

说石 / 俞莹著. -- 上海 ：上海人民美术出版社，
2022.12
　　（国家珍宝系列丛书）
　　ISBN 978-7-5586-2477-3

　　Ⅰ．①说… Ⅱ．①俞… Ⅲ．①石－收藏－中国②石－
鉴赏－中国 Ⅳ．①G262.9②TS933.21

　　中国版本图书馆CIP数据核字（2022）第194201号

说　石

著　　者：俞　莹
责任编辑：戎鸿杰
责任校对：张淋海　蒋培方
封面设计：译出文化
技术编辑：史　湧
出版发行：上海人民美术出版社
　　　　　（上海市闵行区号景路 159 弄 A 座 7F）
邮　　编：201101
网　　址：www.shrmms.com
装帧排版：上海典画文化传播有限公司
印　　刷：广西昭泰子隆彩印有限责任公司
开　　本：787×1092mm　1/16
印　　张：17
版　　次：2023 年 1 月第 1 版
印　　次：2023 年 1 月第 1 次
书　　号：ISBN 978-7-5586-2477-3
定　　价：136.00 元